MARK SHUBERT
O VINHO NOVO

EMBRIAGUE-SE
DO ESPÍRITO
SANTO

MARK SHUBERT
O VINHO NOVO

EMBRIAGUE-SE
DO ESPÍRITO
SANTO

PREFÁCIO
POR
DAN DUKE

Todos os direitos deste livro são reservados pela Editora Quatro Ventos.

Editora Quatro Ventos
Rua Liberato Carvalho Leite, 86
(11) 3230-2378
(11) 3746-9700

Proibida a reprodução por quaisquer meios, salvo em breves citações, com indicação da fonte.

Todas as citações bíblicas e de terceiros foram adaptadas segundo o Acordo Ortográfico da Língua Portuguesa, assinado em 1990, em vigor desde janeiro de 2009.

Editor Responsável: Renan Menezes
Equipe Editorial:
Rita Cardoso de Moura
Bárbara Odria
Paula de Luna
Victor Missias
Diagramação: Vivian de Luna
Coordenação de projeto gráfico:
Big Wave Media
Capa: Bruno Leal

Todas as citações bíblicas foram extraídas da Almeida Século 21, salvo indicação em contrário.

Citações extraídas do site: https://vidanova.com.br/editora/ acesso em abril de 2019.

1ª Edição: Maio 2019

Ficha catalográfica elaborada por Geyse Maria Almeida Costa de Carvalho – CRB 11/973

S562v Shubert, Mark

Vinho novo: embriague-se do Espírito Santo / Mark Shubert. - São Paulo: Quatro Ventos, 2019.
206 p.

ISBN: 978-85-54167-15-8

Religião. 2. Desenvolvimento espiritual.
3. Doutrina cristã.
I. Título.

CDD 232
CDU 2-42

SUMÁRIO

PARTE I
VINHO NOVO:
O MOVER DE DEUS NA TERRA

CAPÍTULO 1	A INAUGURAÇÃO DA IGREJA	11
CAPÍTULO 2	VINHO NOVO	21
CAPÍTULO 3	A MESA DO SENHOR	31
CAPÍTULO 4	A ÁGUA TRANSFORMADA EM VINHO: "ELES NÃO TÊM VINHO!"	53
CAPÍTULO 5	VINHO NOVO EM ODRES NOVOS	59

PARTE II
VINHO NOVO EM ODRE NOVO:
A TRANSIÇÃO DO JUDAÍSMO PARA O CRISTIANISMO

CAPÍTULO 6	JUDAÍSMO E CRISTIANISMO	73
CAPÍTULO 7	DA VELHA À NOVA ALIANÇA	83
CAPÍTULO 8	A MELHOR ALIANÇA	93
CAPÍTULO 9	AS PARÁBOLAS DAS DUAS ALIANÇAS	99
CAPÍTULO 10	A FIGUEIRA: A RELIGIÃO JUDAICA	105
CAPÍTULO 11	A OLIVEIRA: O ISRAEL DE DEUS	113
CAPÍTULO 12	E QUANTO AO ISRAEL NATURAL?	127

PARTE III

VINHO NOVO DO AVIVAMENTO NA IGREJA

CAPÍTULO 13	VINHO NOS ÚLTIMOS DIAS	141
CAPÍTULO 14	A PRODUÇÃO DE VINHO	151
CAPÍTULO 15	LIÇÕES DA HISTÓRIA DA IGREJA	163
CAPÍTULO 16	O ODRE VELHO DA TRADIÇÃO	175
CAPÍTULO 17	RENOVANDO E SUBSTITUINDO OS ODRES	185
CAPÍTULO 18	O AVIVAMENTO FINAL	193

PREFÁCIO

Se você acredita que o que está vivendo hoje já é o suficiente para considerar cumprido o propósito de Deus em sua vida e não deseja experimentar qualquer forma de mudança, recomendo que você não prossiga com esta leitura. Isso, porque as próximas páginas podem te transformar radicalmente e te despertar para viver fora da sua zona de conforto. Porém, se você tem uma fome insaciável por mudança e uma grande convicção de que os seus melhores dias com Cristo ainda estão por vir, esta obra foi profeticamente escrita para você.

Mais do que um livro, *O Vinho Novo* é um chamado para nos desapegarmos do que é familiar e confortável, a fim de renovar nossas mentes, a exemplo do que Paulo fala em Romanos 12.2. Essa é a única maneira da qual poderemos receber o novo mover de Deus, tudo aquilo que olho nenhum viu, ouvido nenhum ouviu e mente nenhuma imaginou. Os princípios e ensinamentos de Mark Shubert imprimidos nesta obra são resultado de uma vida de constante entrega a Cristo e intimidade com o Espírito Santo. Sua mensagem é poderosa, prática e simples: se somos realmente nascidos de novo em Cristo, não podemos viver da mesma maneira que antes de recebê-lo em nossos corações. Por isso, precisamos nos esvaziar de nós mesmos e renovar nossas mentes para sermos cheio do Espírito de Deus, assim como um odre velho é substituído por um novo, para receber o vinho fresco.

Portanto, independentemente da maneira como esta obra chegou até você, oro para que o Espírito Santo venha te encontrar pessoalmente à medida que você avança nesta maravilhosa leitura. Prepare-se para não apenas se embriagar com o vinho novo do Espírito, mas também adquirir uma nova perspectiva do importante papel que você desempenhará no próximo grande avivamento.

DAN DUKE
Fundador do Ministério
Uma Chamada Para as Nações

PARTE I
VINHO NOVO:
O MOVER DE DEUS NA TERRA

CAPÍTULO 1
A INAUGURAÇÃO DA IGREJA

Imagine o seguinte cenário: Jesus havia acabado Seu ministério terrestre. Ele já tinha sido crucificado, lavando os pecados da humanidade, e ressuscitado ao terceiro dia. Ele apareceu várias vezes entre Seus discípulos e uma vez para mais de 500 pessoas ao mesmo tempo (1 Coríntios 15.6). Finalmente, antes de Jesus subir aos céus, Ele instruiu Seus discípulos a não deixarem Jerusalém até que eles tivessem recebido a "Promessa do Pai". Essa promessa era o batismo no Espírito Santo e no poder de Deus (Lucas 24.49). A palavra grega para batismo, nesse versículo, indica que eles seriam completamente imersos e saturados naquele poder. Depois que Jesus deu ordem a Seus seguidores para que esperassem esse evento, Ele se juntou ao Pai.

Com o Batismo do Espírito Santo, que aconteceu no dia de Pentecostes, inaugurou-se oficialmente a Igreja cristã. Havia algo tão significativo sobre este encontro, que Jesus ordenou aos Seus seguidores que não deixassem Jerusalém ou exercessem qualquer função de Igreja até que isso acontecesse. Esse esperado batismo é que os "revestiria" de poder, como Jesus disse. A palavra "poder", em grego, se chama *dynamis*, que significa "força, poder e habilidade." Segundo o Dicionário Strong, *dynamis* também inclui o seguinte: "poder para realizar milagres, poder moral e excelência de alma, poder e influência que pertencem às riquezas e bens, poder e recursos decorrentes de números, bem como poder encontrado nos exércitos, forças e miríades."

Que descrição dinâmica do poder que Jesus estava para derramar sobre Sua Igreja! Este seria o ingrediente necessário para que eles fossem efetivos, como um organismo de desenvolvimento e de transformação do mundo. O poder e esse novo mover de Deus viriam através de uma saturação completa na presença do Espírito Santo.

A festa de Pentecostes era uma das três grandes festas de Israel. Era a festa de celebração dos primeiros frutos da colheita da nação. Com certeza, não foi por coincidência que Jesus escolheu esta festa para inaugurar Sua Igreja, pois, nesse dia, os primeiros frutos de uma colheita de almas foram acrescentados ao Seu reino. No dia de Pentecostes, aproximadamente, três mil homens e mulheres se arrependeram dos seus pecados e se tornaram parte da recém-inaugurada Igreja cristã (Atos 2.41). Eles eram os primeiros frutos de um movimento global, o qual continuaria a crescer e a evoluir durante os próximos dois mil anos.

> Ao chegar o dia de Pentecostes, todos estavam reunidos no mesmo lugar. De repente, veio do céu um som, como de um vento impetuoso, e encheu toda a casa onde estavam sentados. E apareceram umas línguas como de fogo, distribuídas entre eles, e sobre cada um pousou uma. **Todos ficaram cheios do Espírito Santo** e começaram a falar em outras línguas, conforme o Espírito lhes concedia que falassem. (Atos 2.1-4 – grifo do autor)

Mais uma vez, vemos detalhadamente como a Igreja do início do Novo Testamento era caracterizada por um poder dinâmico. Não se tratava apenas de uma tranquila rotina simbólica, mas sim de um poderoso derramar do Espírito Santo, que se caracterizou pela demonstração de um som, um vento e um fogo. Este deveria ser o padrão para o mover do Espírito na recém-inaugurada Igreja de Jesus.

LÍNGUAS DE FOGO

Há tanto significado por trás do simbolismo deste evento. Vemos que apareceu fogo dividido em "línguas", que caiu sobre cada um dos presentes. É significativo o fato de o fogo ter vindo em forma de línguas. Línguas, expressão, comunicação: o poder da Palavra viva tem o potencial de começar um fogo. Hebreus 4.12 diz que a Palavra de Deus é viva e poderosa. A palavra grega usada neste versículo para "poderosa" é *energēs*, que se refere a uma liberação de energia. A Palavra de Deus falada por "línguas de fogo" é viva e dá energia. É como um *Red Bull* espiritual, energizando e dando vida àqueles que a ouvem.

Atos 2.6 diz que cada homem podia ouvir em sua própria língua. Este foi o primeiro culto da recém-formada Igreja de Jesus, a qual recebeu a tarefa de destruir as obras da Babilônia. Babilônia significa, neste caso, um sistema estabelecido pelos homens, promovendo governo e organização humanos – o poder de homens trabalhando juntos para controlar a terra. Veja o exemplo de Babel, a torre construída por homens que se juntaram para alcançar o céu por seus próprios métodos. Deus confundiu as línguas dos homens ali, para que eles não alcançassem seu alvo (Gênesis 11.1-9). No entanto, Babilônia continuou a florescer e se tornou sinônimo do governo humano – especialmente com uma mistura profana de política, economia e religião. Com o estabelecimento da Igreja no dia de Pentecostes, a barreira da língua foi quebrada e todos os homens podiam entender a mensagem (Atos 2.6). Isso revela o grande plano de Deus para Sua Igreja de unir pessoas de todas as nações, a fim de destruir as obras do inimigo e restaurar o Reino de Deus na terra.

EMBRIAGADOS COM O VINHO NOVO

E perplexos e pasmos, todos diziam uns aos outros: O que isto quer dizer? Mas outros, zombando, diziam: **Eles estão embriagados com vinho!** Então, pondo-se em pé com os onze, Pedro tomou a palavra e disse-lhes: Homens judeus e todos os que habitais em Jerusalém, que isto fique claro para vós; escutai as minhas palavras: Estes homens não estão embriagados, como pensais, visto que é apenas a terceira hora do dia. Mas isto é o que havia sido falado pelo profeta Joel: E acontecerá nos últimos dias, diz o Senhor, que **derramarei do meu Espírito** sobre todas as pessoas; e os vossos filhos e as vossas filhas profetizarão, os vossos jovens terão visões, os vossos velhos terão sonhos; e naqueles dias derramarei do meu Espírito sobre os meus servos e sobre as minhas servas, e eles profetizarão. (**com línguas de fogo!**) (Atos 2.12-18 – acréscimo e grifos do autor)

É interessante observar como este enchimento ou batismo com o Espírito de Deus afetou os discípulos ao ponto de levar aqueles que observavam de fora a pensar que os discípulos estivessem bêbados com "vinho novo". Pedro levantou-se e esclareceu dizendo: "Estes homens não estão embriagados, **como pensais**...". Ele não disse, "eles não estão bêbados", mas sim "eles não estão bêbados, como pensais" (grifo do autor). Ou seja: "Vocês pensam que eles estão bêbados com vinho natural, contudo, eles estão bêbados do vinho novo do avivamento, um derramar do Espírito de Deus". Ele continuou, então, citando o profeta Joel, o qual profetizou sobre um grande derramar, nos últimos dias, que se estenderia a "toda carne" ou a toda humanidade. Esse derramar do vinho novo do Espírito seria caracterizado por profecias, sonhos e visões, seguidos pelo som do céu e a demonstração do poder de Deus. Essa foi a grande inauguração da Igreja cristã, e a demonstração de como esta deveria parecer nas gerações vindouras. É claro que sabemos que muitas outras atividades, tais como ensinar e discipular, também são necessárias para que a Igreja seja saudável. É evidente, no entanto, que o mover do Espírito no dia de Pentecostes era para ser um protótipo ou padrão para as reuniões da Igreja no futuro.

Aquele mesmo fogo, vento e presença inebriantes do Espírito Santo deveriam ser o padrão para a vida da Igreja hoje. Deveríamos estar experimentando sinais e maravilhas, vivendo em poder. Nossos cultos poderiam ser tão dinâmicos, ao ponto de as pessoas de fora perguntarem: "Eles estão bêbados com vinho novo?" Afinal, a Bíblia não diz que: "Deus escolheu as coisas loucas deste mundo para confundir as sábias"? (1 Coríntios 1.27).

O SOM DO CÉU

"Veio do céu um som, como de um vento impetuoso" (Atos 2.2). Embora alguns leitores que experimentem condições climáticas mais amenas possam não entender plenamente o impacto dessa declaração, este versículo é muito significativo para mim. Eu morei em Oklahoma, onde os tornados são comuns, bem como na Flórida, onde os furacões fazem parte da vida. Os tornados e furacões são provavelmente os "ventos impetuosos" mais comuns da Terra. Tendo experimentado a ambos, eu posso testemunhar o fato que uma característica predominante de "ventos tempestuosos" é que eles são barulhentos! Alguns descreveram o som de um tornado ou furacão como se fossem mil trens de cargas passando. Outros dizem ser como o barulho do motor de um jato. Também foi comparado a um rugido ensurdecedor. Todas estas descrições têm um fator em comum: eles são barulhentos, e este foi o som do primeiro culto da Igreja. Parece, então, que um culto bem quieto, em que todas as pessoas se sentam em silêncio, não se encaixa no padrão da Igreja original do Novo Testamento.

Precisamos ter o "som do céu" para que nossos cultos sigam o exemplo bíblico. A questão é: o que produz esse som? A Bíblia frequentemente fala do som do céu como "uma voz", "a voz do Senhor", "o estrondo de muitas águas" ou "a voz de uma grande multidão".

Ouvi um som do céu, como o barulho de muitas águas. (Apocalipse 14.2a - tradução livre)

Também ouvi uma voz como a de grande multidão, como o som de muitas águas e fortes trovões, que dizia: Aleluia! Porque o Senhor nosso Deus, o Todo-poderoso, já reina. (Apocalipse 19.6)

O som do céu é como fortes estrondos de trovão ou o barulho alto de muitas águas, quando uma multidão grita "Aleluia!" ao Senhor! Deus fala através das "línguas de fogo" proféticas do Seu povo. Talvez houvesse algum vento audível inicial que desencadeou aquele estrondo celestial, mas eu creio que o mais alto som do céu, naquele dia, foi o estrondo santo do povo de Deus irrompendo em louvor, à medida que eram tocados por Seu fogo! Era aquela "voz de uma grande multidão, como o estrondo de muitas águas." Isso é avivamento! Isso é o vinho novo! Esse é o padrão para a Igreja do Novo Testamento!

Ao compararmos o primeiro culto cristão com a maioria das reuniões na Igreja moderna, vemos uma enorme diferença. Por que eles tinham tanto fogo? Por que eles tiveram uma experiência que mudou tanto suas vidas? Por que eles impactaram tanto a cidade ao redor deles? Eu creio que o principal fator seja a fome deles. Estes discípulos já tinham um relacionamento pessoal com Jesus e estavam desesperadamente famintos por um toque fresco de Sua presença. Enquanto esperamos que o culto em nossas igrejas não demore demais, estes discípulos estiveram esperando por dias em um cenáculo para receber algo de Deus.

Os frequentadores da igreja moderna são, na maioria, espectadores que silenciosamente assistem a um homem falar. Os membros da Igreja primitiva, no entanto, participavam do culto: "[...] começaram a falar em outras línguas, conforme o Espírito lhes concedia que falassem." (Atos 2.4). Enquanto muitas reuniões da greja hoje parecem uma palestra na universidade, o primeiro culto da Igreja pareceu mais com uma festa. Enquanto a congregação moderna fica sentada em silêncio e de braços cruzados durante o louvor, estes membros da Igreja primitiva liberavam um som do céu.

Essa passagem no livro de Atos é um quadro de como foi o primeiro culto da Igreja. Este foi marcado pelo fogo de Deus e por um encontro que mudou a vida de todos que participaram. Em nossos dias, a Igreja se tornou tão carregada com tradição e rotina, que nossos cultos não se parecem em nada com aquele primeiro culto. Infelizmente, estes 120 primeiros membros da igreja, com sua experiência barulhenta e parecendo bêbados pelo Espírito Santo, provavelmente seriam convidados a se retirar da maioria das igrejas modernas.

Enquanto muitos cristãos hoje não querem, de forma alguma, parecer fanáticos, estes primeiros discípulos estavam tão desesperados que não se importaram se toda a cidade pensasse que estavam bêbados. Estes seguidores de Jesus estavam tão famintos por um toque de Deus, que se dispuseram a esperar quanto tempo fosse preciso para responderem ao Espírito quando Ele viesse, e estavam completamente livres de qualquer inibição ou preocupação sobre o que qualquer um pensaria deles. Quando viermos ao culto com essa mesma fome, expectativa e disposição para responder, talvez o fogo de Deus caia em nossos cultos também.

CAPÍTULO 2
VINHO NOVO

É importante ter um claro entendimento do simbolismo do "vinho novo" nas Escrituras. O vinho novo fala, principalmente, do mover de Deus. Geralmente, é usado como referência ao Espírito Santo, mas também a um lugar pessoal de intimidade com Jesus. Vamos analisar estes dois significados a seguir.

Pedro comentou, em Atos, capítulo 2, que aqueles que pareciam estar bêbados com vinho, na realidade, estavam cheios do Espírito Santo. Essa aparente "embriaguez" era, na verdade, o início de um derramar do Espírito de Deus sobre toda a humanidade, como profetizado pelo profeta Joel no Velho Testamento: "Depois disso, derramarei o meu Espírito sobre todas as pessoas..." (Joel 2.28a). O Espírito descendo sobre os discípulos em Pentecostes é o começo desse derramamento sobre todas as pessoas, que resultaria na formação da Igreja e nos acompanharia até hoje. Esse vinho novo seria o combustível que impulsionaria a Igreja a um avivamento mundial.

Este símbolo do vinho como um mover do Espírito é visto também em outros livros da Bíblia. Efésios 5.18 diz: "E não vos embriagueis com vinho, que leva à devassidão, mas enchei-vos do Espírito". Aqui vemos novamente a diferença entre estar bêbado com vinho e ser cheio do Espírito. A aparência de pessoas cheias do Espírito pode ser tão escandalosa quanto um grupo de bêbados, mas o derramamento do vinho novo é o que transforma pessoas comuns na poderosa Igreja que Cristo projetou. Na verdade, o que Paulo está dizendo é: "Não fiquem bêbados com o vinho natural, mas fiquem bêbados com o vinho novo do Espírito de Deus!".

O outro aspecto do vinho novo do Espírito refere-se ao tempo passado na presença de Jesus, à intimidade com Ele. Uma passagem interessante das Escrituras que fala sobre esse significado do vinho encontra-se em Cânticos dos Cânticos. Mas, nesse caso, Salomão faz uma comparação entre a embriaguez causada pelo vinho natural e a sensação inebriante de estar na presença de Jesus. Esse é um livro tremendo, que carrega uma mensagem profunda sobre o relacionamento de Jesus com Sua noiva. Para entender Cânticos dos Cânticos devemos interpretar de maneira apropriada o simbolismo dos personagens principais. O noivo representa Jesus, e a noiva, Sulamita, faz o papel da noiva de Cristo, a Igreja. Veja o amor que a noiva expressa por Jesus:

> Beije-me ele com os beijos da sua boca, pois seu afago é melhor do que o vinho. Suave é a fragrância dos teus perfumes; teu nome é como o perfume que se derrama.
> (Cânticos dos Cânticos 1.2-3a)

Esse versículo fala de um lugar de intimidade com Jesus, onde podemos verdadeiramente sentir Sua presença e experimentar "os beijos de Sua boca". A experiência de sentir o Seu amor é mais inebriante do que o vinho, não há nada melhor que estar com Ele. Há situações, em meus momentos pessoais de adoração, em que fico literalmente embriagado pela companhia de Jesus. Em certas ocasiões, eu até mesmo sinto o cheiro do Seu perfume. O contato íntimo com a presença de Jesus pode ser mais inebriante do que o melhor vinho!

O Salmo 42.1-2a fala justamente sobre o anseio pela presença de Deus, em um lugar de intimidade. O salmista diz: "Assim como a corça anseia pelas águas correntes, também minha alma anseia por ti, ó Deus! Minha alma tem sede de Deus, do Deus vivo." Observe a linguagem de amor neste versículo. Temos o quadro de uma corça correndo pela floresta, que fica desesperada de sede. Assim é conosco, quando precisamos desesperadamente da água viva da presença de Jesus.

AS ÁGUAS DO ESPÍRITO

> Um abismo chama outro abismo ao ruído das tuas cachoeiras; todas as tuas ondas e vagalhões têm passado sobre mim. (Salmos 42.7)

Nessa passagem, a palavra "abismo", em hebraico, refere-se a "uma massa explosiva de água". Encontramos em outras partes das Escrituras a expressão "águas profundas" referindo-se ao rio de Deus (Ezequiel 47); e os "rios de água viva" que fluem do nosso espírito (João 7.38). Os rios dentro do nosso espírito anseiam por se conectarem ao rio que flui do trono de Deus. As profundezas do nosso espírito só podem estar satisfeitas ao se juntarem ao rio do Espírito de Deus, ou seja, quando "um abismo chama outro abismo". Quando os dois rios se conectam, há uma explosão inebriante, íntima, que traz satisfação.

Esse versículo também fala de um barulho gerado pelo encontro dessas águas: "Um abismo chama outro abismo ao RUÍDO das tuas cachoeiras". Novamente, é necessário que haja um som seguido do mover de Deus: o barulho das cachoeiras, bem parecido com o som do vento impetuoso no dia de Pentecostes! Isso significa que há uma resposta audível à presença de Deus, quando nos rendemos ao Seu toque de amor. A reação automática ao derramar da Sua presença sobre nós é verbalizarmos e expressarmos nosso amor, assim como o marido e sua esposa fazem na intimidade de seu leito. É uma experiência inebriante de intimidade com Jesus vinda de um lugar de adoração!

Um mover de Deus sempre vem acompanhado de um som. Todo avivamento genuíno está sempre conectado a um novo som de adoração. É um som original e fresco, que nos conecta ao som do céu. O "som de um vento impetuoso" e "o ruído de tuas cachoeiras" referem-se a momentos, aqui na terra, quando nos conectamos e participamos da adoração que está acontecendo no céu.

Claro que é natural imitar os sons de outros enquanto aprendemos a crescer em adoração. Jovens times de adoração quase sempre começam imitando o que viram em outros moveres de Deus. Porém, com o tempo, um mover de Deus genuíno vai gerar seu próprio som – algo original e que seja relevante para o lugar, a cultura e o tempo no qual está inserido. É o som do céu, a voz de uma multidão ou o estrondo de muitas águas. Muitas vezes, isso começa com uma canção espontânea que nasce em uma reunião de adoração. Já ouvi testemunhos de anjos que vieram cantar uma nova canção para alguém no meio da noite. Outros acordaram, durante a madrugada, com uma nova canção que receberam em um sonho. Mas fique certo disto, onde há um verdadeiro mover de Deus, Sua natureza criativa gera um som fresco no meio daqueles que estão participando.

VINHO NOVO COLETIVO

Até aqui, nos detivemos principalmente ao encontro individual e íntimo com o vinho novo do Espírito. No entanto, há um segundo aspecto deste assunto a ser considerado – a experiência do vinho novo no âmbito coletivo. Claro que nossa experiência pessoal com Jesus é muito preciosa e precisamos investir tempo no desenvolvimento de um relacionamento íntimo com o Senhor. Porém, somado a isso, há uma dimensão na qual Jesus se relaciona com Sua noiva como congregação. Ainda que seja maravilhoso e importante ter uma vida privada de adoração, é igualmente importante adorar na assembleia, com outros crentes.

> Pois onde dois ou três se reúnem em meu nome, ali estou no meio deles. (Mateus 18.20)

> [...] não abandonemos a prática de nos reunir... (Hebreus 10.25)

> Bendizei o SENHOR, todos vós, seus servos, que de noite servis na casa do SENHOR! Erguei as mãos para o santuário e bendizei o SENHOR! (Salmos 134.1-2)

Algo extremamente dinâmico acontece quando nos reunimos em congregação e adoramos Jesus como um só corpo. É especialmente poderoso quando um corpo de crentes, os quais têm uma vida pessoal de devoção íntima, se reúne em um encontro de adoração. Um imenso poder é liberado e há dimensões de glória que só podem ser alcançadas quando tal congregação se reúne. Há muitos tipos diferentes de congregações como, igrejas locais, escolas bíblicas, grupos caseiros e conferências. Todos são locais legítimos para a adoração congregacional e o derramamento do vinho novo.

Foi exatamente isso que aconteceu no dia de Pentecostes. Atos 2.1 diz: "todos estavam reunidos no mesmo lugar". Foi nesse lugar de unidade e ajuntamento que Jesus escolheu derramar o Seu Espírito. O "som do céu" veio naquela unidade congregacional do primeiro culto da Igreja. Os participantes foram batizados com fogo naquela dimensão de glória, e ficaram "embriagados" pelo vinho novo do Espírito.

Já participei de reuniões de avivamento onde o Espírito de Deus era tão forte que cada membro da congregação só conseguia focar na adoração a Jesus. Há momentos quando "a voz de uma grande multidão, como o som de muitas águas" se levanta em unidade, e o evento todo se torna uma manifestação da atmosfera do céu. Ninguém está preocupado com o que o outro está pensando. Todos só estão interessados em, pessoalmente, derramar sua melhor adoração para Jesus. Quando isso acontece, é quase como se um vulcão espiritual fosse despertado. À medida que todos os participantes riem, gritam e choram, completamente abandonados e entregues a uma adoração irrestrita ao Rei dos reis e Senhor dos senhores, todo o lugar explode com a gloriosa presença de Deus. Esse é o som do céu. É a voz de muitas águas. Isso cria um ambiente que muda a vida das pessoas para sempre. É impossível uma pessoa ter um encontro assim com Jesus e continuar a mesma.

Há promessas na Bíblia de um mover de Deus mundial. Ele disse, especificamente, que o conhecimento da glória do Senhor cobriria a terra como as águas cobrem o mar. O profeta Joel falou do derramamento do Espírito sobre "toda carne". Veja as poderosas promessas do vinho coletivo nas seguintes Escrituras:

> Naquele dia, os montes destilarão **vinho novo**. (Joel 3.18 - grifo do autor)

> [...] e os montes destilarão **vinho novo**, e todas as colinas se derreterão. (Amós 9.13b - grifo do autor)

Estes versículos falam de um derramamento prometido do vinho novo do Espírito de Deus, um avivamento que vai varrer as nações da terra. Assim como em Pentecostes, quando o Espírito estava disponível a todos, está chegando o dia no qual o vinho fresco e rico do Espírito Santo será abundantemente derramado sobre os que O buscam. Está vindo um mover de Deus que vai varrer lugares inimagináveis e – eu me atrevo a dizer – até mesmo algumas igrejas!

Estar embriagados do vinho novo é estar cheios do Espírito. Desfrutar do doce vinho que vem do céu é envolver-se na presença doce de Jesus, em relacionamento e intimidade com Ele. O vinho novo que foi liberado em Pentecostes foi o combustível para a inauguração de uma Igreja poderosa e barulhenta, um escândalo para quem estava de fora. O mesmo vinho do Espírito será derramado para impulsionar a Igreja para um avivamento maior ainda!

CAPÍTULO 3

A MESA DO SENHOR

Embora o foco deste livro seja o "vinho" do Espírito, seria impossível estudar o vinho nas Escrituras sem entender sobre o "pão". Estes dois elementos estão ligados na Bíblia, e um dos temas recorrentes nas Escrituras é a mesa do Senhor, onde os dois são servidos juntos. Entendemos o conceito da "mesa da comunhão" ou da "mesa do Senhor" referindo-se ao pão e ao vinho do sacramento na igreja. Contudo, eu gostaria de examinar este princípio mais de perto, à luz do nosso estudo do "vinho do Espírito".

Nas Escrituras, o pão aparece, pela primeira vez, em Gênesis 3.19a, onde Deus fala ao homem, imediatamente após a queda: "Do suor do teu rosto comerás o teu pão, até que tornes à terra". A ideia transmitida nessa passagem é que o pão seria o alimento que sustentaria a vida do homem em seu estado caído, ou seja, sua nutrição natural (a partir do Novo Testamento, o pão também tem o significado de nutrição espiritual). Deus já havia alertado Adão sobre as consequências de se comer o fruto proibido: "[...] porque no dia em que dela comeres, com certeza morrerás" (Gênesis 2.17). Sabemos que Adão e Eva não caíram mortos no mesmo dia em que comeram daquele fruto. Mas também sabemos que a palavra de Deus é verdadeira e que ela se cumpriria. Para entendermos o que realmente aconteceu, precisamos voltar e examinar a essência do homem. O homem é um ser trino – espírito, alma e corpo.

> E o próprio Deus de paz vos santifique completamente, e o **vosso espírito, alma e corpo** sejam mantidos plenamente irrepreensíveis para a vinda de nosso Senhor Jesus Cristo. (1 Tessalonicenses 5.23 – grifo do autor)

A sociedade secular, geralmente, acredita que o homem é formado de apenas duas partes, que são mais perceptíveis, o corpo e a alma. O corpo, obviamente, é físico, porém, a alma fala principalmente da mente (emoções, vontade e intelecto). O espírito, por outro lado, refere-se a algo bem mais profundo. É a parte do homem capaz de ter comunhão com Deus, de ouvir Sua voz e receber Suas instruções. A palavra de Deus ensina, explicitamente, que o espírito e a alma são duas entidades separadas. Embora estejam intimamente ligadas, elas podem ser percebidas separadamente. Para um estudo mais profundo sobre este fenômeno da unidade da alma e do espírito, recomendo meu livro *Uma Completa Salvação* (também disponível para *Kindle* na Amazon).

> Porque a palavra de Deus é viva e eficaz, mais cortante que qualquer espada de dois gumes; penetra até o ponto de dividir alma e espírito. (Hebreus 4.12a)

Sabemos que, no dia em que Adão pecou, seu corpo e sua alma não morreram imediatamente. A parte de Adão que morreu, naquele dia, foi o seu espírito, a parte mais profunda, a qual era capaz de ter comunhão direta com Deus. Ele não era mais capaz de "andar com Deus pelo jardim no final da tarde" (Gênesis 3.8). Este novo ser "espiritualmente morto" era sustentado somente pelo alimento natural, o pão. E Deus disse a Adão e Eva que eles comeriam este pão ou alimento natural "do suor do seu rosto". Ou seja, seria necessário um árduo trabalho para o homem caído ganhar o seu pão.

Qualquer um de nós que já teve que trabalhar arduamente pode atestar essa maldição. Tantas vezes queremos deixar de lado o "trabalho" e apenas satisfazer nossos próprios desejos, ou mesmo realizar um chamado ministerial. No entanto, parte da natureza caída do homem é que pelo menos uma porção de nossas vidas está envolvida em "ganhar o pão". Parte de nossas vidas está envolvida em trabalhar, ganhar dinheiro e se integrar em uma sociedade governada pelo homem, com a qual nem sempre concordamos, para prover o sustento natural para nós e nossas famílias. Isso significa "comer o pão do suor do teu rosto".

A primeira menção ao vinho nas Escrituras está em Gênesis 9.20-21a: "Noé começou a cultivar a terra e plantou uma vinha. Então, bebeu do vinho e embriagou-se". Noé produziu vinho, contudo, ao tomar só o vinho, ele ficou bêbado. Temos, então, o seguinte quadro: o pão em si é produzido pelo suor e o vinho sozinho produz embriaguez. De acordo com as Escrituras, Melquisedeque foi o primeiro a servir pão e vinho juntos (Gênesis 14.18). Isso se tornou o padrão para uma vida cristã equilibrada em toda a Bíblia.

> [...] o vinho que alegra o coração, o azeite que faz reluzir o rosto e o pão que lhe fortalece o coração. (Salmos 104.15)

Fisicamente, "pão" ou alimento é necessário para dar ao homem sua resistência nutricional e física. O vinho, por outro lado, deixa seu coração "alegre". Em outras palavras, o pão dá a força necessária, mas o vinho renova o coração, o qual ficaria esgotado de comer só o pão "do suor do seu rosto". O homem bebe o vinho para se aliviar um pouco das dificuldades da "maldição" de ter que trabalhar.

O mesmo princípio se aplica espiritualmente. O pão, nas Escrituras, é símbolo da palavra de Deus. A palavra de Deus é nossa nutrição espiritual, o que nos torna espiritualmente fortes. O pão fala da doutrina, um entendimento apropriado dos caminhos de Deus e um compromisso de obedecer ao que Ele manda. No entanto, o vinho fala do mover de Deus. Podemos relacionar o vinho a uma experiência pessoal com Jesus. Deus sempre se move no meio do Seu povo. Há um lugar de relacionamento pessoal e de intimidade disponível para desfrutarmos com Ele. Desfrutamos desse "vinho" através da oração e adoração, tanto em particular quanto coletivamente. Assim, vemos que Melquisedeque estabeleceu o padrão para a verdadeira ordem sacerdotal. Precisamos do pão das Escrituras para sermos nutricionalmente sólidos e espiritualmente fortes. Também precisamos do vinho da Sua presença que traz alegria e realização aos nossos corações. Tanto o pão quanto o vinho são necessários para termos uma vida cristã saudável.

Percebemos que a maioria das pessoas tem uma certa tendência emocional a inclinar-se mais para uma coisa ou outra. Alguns são intelectualmente inclinados e tudo o que querem fazer é comer pão. Tudo é palavra, palavra, palavra. Mas a verdade é que pão demais acaba causando engasgo, se não houver um pouco de vinho que o ajude a descer. Por outro lado, existem aqueles que só querem beber vinho – oração, adoração, intercessão – tudo é sobre o mover de Deus. Por não enfatizarem igualmente a importância do pão da palavra, eles ficam desequilibrados e não têm resistência espiritual, não têm uma fundação sólida. Esses cristãos, geralmente, acabam sem o equilíbrio necessário e se perdem em teologias e doutrinas esquisitas.

O padrão de Deus para uma igreja saudável sempre foi exemplificado pela mesa, na qual o pão da palavra de Deus e o vinho do Espírito são servidos juntos. A fundação sólida da palavra de Deus nos mantém na verdade e no caminho certo. O vinho do Espírito nos traz refrigério, poder sobrenatural e uma percepção profética das Escrituras, as quais, sem ele, podem ser difíceis de ser interpretadas corretamente. Uma das táticas do inimigo é provocar dissenção entre o "povo do vinho" e o "povo do pão", trazendo divisão, confusão e fraqueza à Igreja.

Um dos ataques mais óbvios contra a Igreja aconteceu em 1909, com a "Declaração de Berlim", na Alemanha. Os cristãos mais tradicionais (o "povo do pão") declararam oficialmente que o movimento pentecostal emergente (o "povo do vinho") "não vinha do alto, mas de baixo". Nesse momento, houve um grande divórcio entre os dois elementos da mesa do Senhor. Esta separação permaneceu por todo um século – um século que viu a Alemanha, uma nação "cristã", desempenhar um papel de liderança em duas grandes guerras mundiais, incluindo o Holocausto, com o massacre de quase dois terços da população judaica da Europa.

É impressionante compreender o quanto o inimigo agiu durante aquele século para inibir o crescimento da fé cristã e impedir o mover de Deus.

Como resultado das dificuldades financeiras, que eram constantes naquela época, a postura dos alemães sobre dinheiro e finanças foi grandemente bloqueada, e ainda hoje muitos acham difícil falar sobre princípios bíblicos acerca de finanças na igreja. Além disso, devido ao abuso de autoridade de Hitler, é difícil para os alemães honrar e se submeter a autoridades, inclusive cristãs. Um amigo alemão me disse que, certa vez, quando era adolescente, ele levantou as mãos em adoração no culto, só para ser repreendido pela liderança da igreja. "Isso era o que eles faziam para Hitler", eles disseram a ele. Felizmente, em 2009, cem anos depois, essa declaração foi oficialmente renunciada, abrindo a porta para um avivamento na Alemanha e possibilitando que vinho e pão fossem novamente servidos na mesma mesa.

Nestes dias, Deus está levantando um povo com propósito equilibrado, que valoriza tanto o pão quanto o vinho. Este povo vai ser capaz de realizar coisas na dimensão do espírito, que gerações anteriores não conseguiram realizar. Este povo do final dos tempos, que aceita o pão e o vinho da mesa do Senhor, vai ser a Igreja que invoca a volta de nosso Senhor Jesus!

ESTILO DE VIDA "PÃO E VINHO"

A mesa da comunhão do Senhor é um dos sacramentos mais honrados em todos os ramos do cristianismo. Celebramos a mesa do Senhor por obediência, honrando ao Senhor Jesus e ao Seu sacrifício oferecido na cruz. Fazemos isso "em memória dele". Entendemos que, na mesa da comunhão, o pão representa o corpo de Jesus que foi sacrificado por nós, enquanto o vinho representa Seu sangue derramado por nossos pecados.

Se seguirmos o pão e o vinho por toda a Escritura, todavia, descobriremos que esse não era um conceito novo quando Jesus serviu a Última Ceia. O pão e o vinho eram elementos simbólicos, com os quais os discípulos judeus já estavam bem familiarizados. Já vimos que o pão representa alimento que nutre e fortalece, tanto física quanto espiritualmente. Jesus falou do maná, que era o "pão do céu" que nutriu e fortaleceu fisicamente os israelitas no deserto.

> Nossos pais comeram o maná no deserto, como está escrito: Deu-lhes pão do céu para comer. Jesus lhes respondeu: Em verdade, em verdade vos digo: Não foi Moisés quem vos deu pão do céu; mas meu Pai é quem vos dá o verdadeiro pão do céu. Porque o pão de Deus é aquele que desce do céu e dá vida ao mundo. (João 6.31-33)

Jesus mesmo era o "verdadeiro pão do céu". O maná físico caiu do céu para dar força física. Porém, Jesus era o maná espiritual, enviado do céu para dar força espiritual. Qual é a forma dessa força? "A PALAVRA se fez carne" (João 1.14 – tradução livre). Jesus é a Palavra de Deus, e Sua Palavra (a Bíblia) nos dá força espiritual.

Juntamente com o pão espiritual que traz força, precisa haver também o vinho espiritual que traz refrigério. O Salmo 104.15 descreve sobre o "pão que fortalece o coração do homem", e é acompanhado do "vinho que alegra o coração". Estes andam juntos, o pão da palavra de Deus é acompanhado do "amor que é melhor do que o vinho". Este se tornou o padrão, nas Escrituras, para a nutrição espiritual equilibrada.

Eu já mencionei inúmeras vezes, neste livro, sobre a "primeira menção" do pão e do vinho nas Escrituras. Pois, o "princípio da primeira menção" é um dos princípios fundamentais de interpretação das Escrituras. Durante anos de pesquisa, estudiosos descobriram que este é um dos métodos mais poderosos para entender qualquer tema na Bíblia. Basicamente, o princípio da "primeira menção" sugere que a interpretação de qualquer passagem das Escrituras é esclarecida ao considerar a primeira ocorrência de tal tema na Bíblia.

Já vimos que a primeira vez que o pão é mencionado sozinho nas Escrituras é no contexto do "suor do rosto". O pão sozinho fala de labuta, trabalho duro, que é necessário, mas difícil. A primeira menção do vinho sozinho é relacionada a embriaguez e excesso. Como essas analogias são apropriadas para a Igreja hoje! Aqueles que comem só pão (enfatizam somente a Palavra), geralmente, lutam em um paradigma religioso que não traz muita alegria. Aqueles que só enfatizam o vinho (o mover de Deus – oração, intercessão e adoração), em geral, são instáveis por não terem uma base sólida sobre a qual podem construir e crescer.

A primeira vez que o pão e o vinho foram servidos juntos, na Bíblia, foi por Melquisedeque, e isto trouxe uma bênção!

> Então Melquisedeque, rei de Salém e sacerdote do Deus Altíssimo, trouxe pão e vinho; e abençoou Abrão, dizendo: Bendito seja Abrão pelo Deus Altíssimo, Criador dos céus e da terra! E bendito seja o Deus Altíssimo, que entregou os teus inimigos nas tuas mãos! E Abrão deu-lhe o dízimo de tudo. (Gênesis 14.18-20)

Quem é este Melquisedeque, rei de Salém? Ele é, no mínimo, um "tipo" do Senhor Jesus. Há muitos estudiosos que creem que ele não foi somente uma representação do Senhor Jesus, mas uma "teofania" ou aparição do próprio Senhor Jesus Cristo. Embora eu não creia que há evidências suficientes para confirmar isso de forma conclusiva, acredito que vale a pena examinar a hipótese.

> Esse Melquisedeque, rei de Salém, sacerdote do Deus Altíssimo, encontrou-se com Abraão, quando este regressava da matança dos reis, e o abençoou. E deu-lhe também Abraão o dízimo de tudo. Seu nome significa, primeiramente, Rei

de Justiça, e também Rei de Salém, que é Rei de Paz. Sem pai, sem mãe, sem genealogia, não tendo princípio de dias nem fim de vida, mas feito semelhante ao Filho de Deus, ele permanece sacerdote para sempre. (Hebreus 7.1-3)

Eis o que a Bíblia diz sobre Melquisedeque:

1. Ele é sacerdote do Deus Altíssimo.
2. Ele recebeu dízimos de Abraão, o pai da fé.
3. Seu nome significa "rei de justiça".
4. Ele era o rei de Salém, que significa "rei de paz".
5. Acredita-se que Salém seja o nome original de Jerusalém, da qual ele é rei.
6. Ele é sem pai.
7. Ele é sem mãe.
8. Ele é sem genealogia.
9. Ele não tem início de dias nem fim de existência.
10. Ele foi feito semelhante ao Filho de Deus.
11. Ele permanece sacerdote para sempre.

Creio que fica claro por que tantos teólogos creem que Melquisedeque seja uma aparição ou "teofania" de Jesus no Velho Testamento. Ainda que não seja possível provar que ele o fosse, com certeza, podemos ver quão fortemente ele tipifica o Senhor Jesus. Hebreus 6.20 reafirma isso ao dizer que Jesus tornou-se Sumo Sacerdote "segundo a ordem de Melquisedeque".

Melquisedeque serviu pão e vinho juntos antes que a lei de Moisés fosse estabelecida. E esse padrão continuou a ser revelado no Tabernáculo de Moisés e no Templo de Salomão, sobre a mesa dos pães sem fermento.

A mesa dos pães sem fermento, que, em hebraico, significa literalmente "o pão da Sua presença", estava no Lugar Santo do Tabernáculo de Moisés e do Templo de Salomão, e era sobre a qual doze pães eram colocados. Esses pães representavam a provisão da presença de Deus e do sustento para cada uma das doze tribos de Israel. Êxodo 25.29 explica que havia também "jarros e tigelas para oferecer" sobre a mesa. A maioria dos estudiosos da Bíblia concorda que esses jarros eram para "derramar" a oferta de libação de vinho, vista em Êxodo 29.40; Levítico 23.13; Números 15.5 e outras referências. Esta é a contínua revelação da Sua presença, juntamente com o derramar do vinho.

É claro que o cumprimento final dessa revelação ocorreu quando Jesus serviu pão e vinho aos Seus discípulos, na última ceia, em Lucas 22.14-20. Ele lhes serviu pão e vinho, os mesmos elementos simbólicos que Melquisedeque serviu a Abraão, os quais estiveram sobre a mesa dos pães sem fermento no tabernáculo de Moisés e no templo de Salomão. Ele disse a eles que continuassem a participar desses elementos simbólicos em lembrança dele. Mais tarde, a igreja adotou esse sacramento e o realiza até hoje.

Entendemos que pão e vinho são uma forma bíblica de comemorar a morte e sacrifício final de Jesus no Calvário. Eles nos falam de Seu corpo partido e Seu sangue derramado. De qualquer forma, eu creio que Jesus queria que a ceia fosse mais que apenas uma pequena tradição para observarmos, de vez em quando, no culto da igreja. Um símbolo sempre aponta para algo, e esse algo é sempre maior que ele mesmo. Recordamo-nos do sacrifício de Jesus, contudo, deveríamos também nos lembrar do significado original desses símbolos nas Escrituras.

Mais que uma tradição ou um sacramento observado nos cultos da igreja, o pão e vinho apontam para o estilo de vida que devemos viver. A vida cristã equilibrada é aquela do pão e vinho. Deveríamos, constantemente, adotar em nossas vidas o estudo das Escrituras e abraçar o mover de Deus através da oração, adoração e das manifestações do Espírito Santo. Se tudo que fazemos é comer um pedacinho de pão e tomar um pouquinho de suco de uva, com certeza, não entendemos o que a comunhão representa. Jesus nos chama para vivermos a mesa do Senhor diariamente. Deveríamos nos fortalecer em Sua Palavra e nos renovar pelo vinho de Sua presença todos os dias. Esta é a verdadeira mesa da comunhão.

É muito interessante observar a "oração do Senhor", na qual Jesus nos diz que devemos pedir pelo "pão nosso de cada dia". Quando entendemos que o pão e vinho são sempre servidos juntos, então percebemos a importância de uma caminhada diária de comunhão com o Senhor. Ele não nos mandou orar por nosso "pão de cada semana" ou "pão de cada mês", mas sim pelo "pão nosso de cada dia". Ou seja, o plano de Deus é que sejamos sempre dependentes, cada dia, da força e sustento da Sua Palavra, bem como do refrigério diário do mover do Seu Espírito. Esta é a verdadeira ceia do Senhor.

GRÃO, VINHO E ÓLEO

> As eiras se encherão de trigo, e os lagares transbordarão de vinho novo e de azeite. (Joel 2.24)

No Velho Testamento, há pelo menos 22 passagens onde grão, vinho e óleo são listados juntos. Joel 2.19b diz: "Eu vos envio o trigo, o vinho e o azeite, e tereis fartura deles". Aqui, vemos que o grão, o vinho e o óleo juntos são um tipo de bênção do Senhor para o Seu povo. Em outras passagens, vemos o dízimo do grão, vinho e óleo que eram a bênção de Deus para Seus sacerdotes (Neemias 13.12; Números 18.12).

Obviamente, a bênção do Senhor representada por esses três elementos é significativa na Bíblia. Se examinarmos essa "bênção" mais de perto, fica claro que grão, vinho e óleo se referem à bênção sacerdotal do pão e vinho, uma vez que grão e óleo eram os ingredientes base, no Velho Testamento, para se fazer pão.

Pão sem fermento, bolos sem fermento amassados com azeite, e bolachas sem fermento, untados com azeite; tu os farás de flor de farinha de trigo. (Êxodo 29.2)

O grão era moído para fazer farinha e misturado com óleo para a fabricação do pão, o item básico da alimentação em Israel, na antiguidade. O óleo é um símbolo bíblico claro do Espírito Santo e da unção. Unção significa, especificamente, derramar ou esfregar óleo.

> Então Samuel pegou o **vaso de azeite** e o ungiu diante de seus irmãos; e, daquele dia em diante o **Espírito do SENHOR** se apoderou de Davi... (1 Samuel 16.13 – grifos do autor)

> O Espírito do Senhor Deus está sobre mim, **porque o SENHOR me ungiu**... (Isaías 61.1a – grifo do autor)

> [...] a Jesus de Nazaré, como Deus o **ungiu com o Espírito Santo** e com poder. (Atos 10.38a – grifo do autor)

A combinação do grão com o óleo no pão fala da necessidade da unção do Espírito de revelação no estudo e ensino de doutrina bíblica. 1 João 2.27 diz que "a unção vos ensina todas as coisas". É o Espírito de revelação, o "óleo" do Espírito Santo, misturado com o grão da doutrina que traz a Bíblia à vida.

Há muitos anos, eu tive um amigo em Orlando, Flórida, que nunca recebeu a Jesus. Ele era um intelectual estudioso por natureza. Curioso sobre o Cristianismo, ele leu a Bíblia toda em um período bem curto de tempo. Depois que terminou a leitura, de um ponto de vista totalmente intelectual, ele me disse: "Mark, honestamente, esse livro não significou absolutamente nada para mim. Não fez nenhum sentido". Ele examinou a Bíblia de uma forma estritamente acadêmica, e o seu conteúdo não o tocou em absoluto. A Bíblia é um livro espiritual, e precisa ser entendida espiritualmente. O óleo precisa ser misturado com o grão para que seja palatável e digerível. É o óleo da unção, o Espírito de revelação, quem torna a Bíblia possível de se entender e relevante para nossas vidas.

Infelizmente, muitos cristãos se aproximam da Bíblia como aquele meu amigo. Eles leem a Bíblia por obrigação ou de forma totalmente intelectual. Consequentemente, eles não recebem absolutamente nada dela. Eu mesmo vivi assim por muitos anos. Eu li a Bíblia inteira inúmeras vezes. Estava até mesmo no ministério e tinha uma série de sermões escritos, os quais eu sabia pregar, contudo, eu não conhecia as Escrituras realmente pelo Espírito de revelação.

Então, chegou um momento quando Jesus me colocou no meio de um grupo de homens que carregavam o "Espírito de revelação". Embora eu tivesse lido a Bíblia por anos, quando eu estava sentado com esses homens, e os ouvia expondo as Escrituras, comecei a perceber coisas que não tinham sido reveladas a mim antes. À medida que os ouvia ensinar os mesmos versículos que eu havia lido por anos, eu aprendia coisas que nunca tinha visto antes. Era como se uma venda tivesse sido removida dos meus olhos. Eu comecei a ver mistérios revelados na Bíblia, e cada camada de nova revelação abria um novo entendimento de outras passagens também. Era como se cada nova revelação formasse uma base para entender outra coisa nova. Desde então, estudar as Escrituras tornou-se algo como subir a escada de uma construção bem alta. Quanto mais alto eu subo, mais longe eu posso ver. Cada nível que entendo capacita-me para entender algo mais. A Bíblia é uma eterna fonte de vida, força e sustento, mas precisamos do óleo da revelação para digerir o grão da doutrina.

Por isso, a unção de mestre é um dos 5 ministérios fundamentais da Igreja, listados em Efésios 4.11. Precisamos de alguém com a unção de mestre para nos equipar para o ministério (Efésios 4.12). Todos precisam ser ensinados por aqueles que carregam o Espírito ou a unção de revelação. Uma vez que você recebe de alguém que carrega essa unção, a mesma unção de revelação é reproduzida em você. Veja o exemplo na vida de Paulo. Como ele recebeu uma revelação tão grande ao ponto de escrever grande parte do Novo Testamento? Paulo disse, em Atos 22.3, que ele fora "criado nesta cidade, instruído de acordo com o rigor da lei de nossos pais, aos pés de Gamaliel".

A revelação e o ensino de Paulo não caíram do céu simplesmente. Ele assentou-se aos pés de um grande mestre, antes de receber o dom de revelação. Outro homem construiu uma fundação na vida dele. Quem era esse Gamaliel? Na verdade, ele era um líder entre os fariseus. Depois da ascensão de Jesus, quando os discípulos foram presos por pregar o evangelho, tudo indica que eles poderiam ter sido punidos mais severamente ou talvez até mortos. No entanto, Gamaliel levantou-se no meio deles, mesmo sendo um fariseu também, e lhes deu o seguinte conselho:

> Agora vos digo: Afastai-vos destes homens e deixai-os livres, pois, se este projeto ou esta obra for dos homens, se desfará. Mas, se é de Deus, não podereis derrotá-los; para que não sejais achados combatendo contra Deus. (Atos 5.38-39)

Por causa da intercessão de Gamaliel, o concílio liberou os apóstolos ao invés de executá-los. Desta forma, a mensagem de Jesus pôde continuar a se espalhar. Parece que Gamaliel era um fariseu que tinha o Espírito de revelação. Paulo assentou-se aos pés desse homem e aprendeu. Assim, quando Paulo recebeu o Senhor, ele já tinha uma fundação nas Escrituras. Nós também precisamos do óleo e do grão, a doutrina bíblica ensinada com o Espírito de revelação e unção!

A PROVISÃO INTERMINÁVEL

Em 1 Reis 17, lemos o relato fascinante da provisão contínua de grão e óleo. Durante uma estação de tremenda seca e fome na terra de Israel, o Senhor falou a Elias: "Levanta-te, vai viver em Sarepta, no território de Sidom; ordenei ali a uma viúva que te sustente." (1 Reis 17.9). Às vezes, os caminhos do Senhor vão além do nosso entendimento. Seus caminhos são mais altos que os nossos (Isaías 55.9). Muitas vezes, os caminhos de Deus são loucura aos olhos dos homens (1 Coríntios 2.14). Eu imagino Elias se perguntando por que ser enviado a uma viúva, por que não a uma mulher rica? Porém, o plano de Deus para a provisão do Seu profeta era também o plano dele para a provisão da viúva pobre e sua família.

Em obediência à ordem de Deus, Elias chegou à cidade e, cheio de ousadia, pediu à viúva que lhe trouxesse pão. A resposta dela encontra-se em 1 Reis 17.12, "[...] Tão certo como vive o SENHOR, teu Deus, não tenho pão nenhum, mas apenas um punhado de farinha na vasilha e um pouco de azeite na botija. Estou apanhando dois gravetos para ir prepará-lo para mim e para meu filho. Nós o comeremos e depois morreremos.". Elias prometeu a ela que, se ela o servisse primeiro, ela entraria numa esfera sobrenatural e que o óleo e a farinha nunca se acabariam até que a fome acabasse. Há algo muito poderoso em honrar os homens de Deus que Ele envia a nós. Ela obedeceu e teve uma provisão contínua de pão nutritivo, até o final da fome na terra de Israel.

Isso ilustra dois princípios poderosos. Primeiro, o pão, a Palavra de Deus, vai nos sustentar em tempos de dificuldades. Alguns só bebem vinho. Eles são fortes em oração, intercessão, adoração e até mesmo milagres. Eles amam o mover de Deus, mas não conhecem as Escrituras. No tempo da fome, entretanto, é a Palavra de Deus, nosso conhecimento dos princípios bíblicos, que nos sustenta até o próximo derramar da chuva de Deus sobre nós. Todos passamos por estações de sequidão espiritual, e é sempre a Palavra de Deus que nos leva até que a próxima chuva caia.

Em segundo lugar, temos o princípio dos primeiros frutos das nossas ofertas. Quando entregamos os primeiros frutos de nossa renda ao Senhor, o restante sempre será suprido. Quando estimamos os homens e mulheres de Deus, que Ele colocou sobre nós para nos ministrar e abençoar nossas vidas, e cuidamos das necessidades deles acima das nossas, nossa oferta se torna um doce e suave aroma ao Senhor e abre a provisão do céu em nossas vidas. Muitos recebem seu pagamento todo mês, pagam todas as contas e, então, veem o que sobrou para Deus. Este método nunca vai abrir a dimensão do sobrenatural em nossas vidas financeiras.

> Honra o SENHOR com teus bens e com **as primícias de toda a tua renda**; assim os teus celeiros se encherão com fartura, e os teus lagares transbordarão de vinho. (Provérbios 3.9-10 – grifo do autor)

MISTURAR O PÃO E O VINHO

Vimos a importância de misturar o óleo e o grão para produzir o pão do nosso sustento espiritual. Agora, podemos falar sobre acrescentar vinho, o terceiro desses três elementos, que constituíam a bênção do Senhor para Israel.

> Naquele dia responderei, diz o SENHOR; responderei aos céus, e estes responderão à terra; a terra responderá ao trigo, ao vinho e ao azeite, e estes responderão a Jezreel. (Oseias 2.21-22)

Este nome, Jezreel, significa, em hebraico, "Deus semeia". Nesta passagem, vemos uma conexão entre o céu e a terra, uma conexão entre a dimensão espiritual e natural. Deus semeia na terra de uma forma específica. Nós oramos por avivamento! Oramos pelo mover de Deus. Desta forma, semeamos aos céus. Deus responde semeando na terra. A terra responde com grão, vinho NOVO e óleo. O pão é constante, nunca muda. É a mistura de grão e óleo. É a Palavra de Deus revelada pela unção e pelo Espírito de revelação. O vinho, no entanto, é novo! Trata-se do novo mover de Deus. Algo novo que Ele está fazendo na terra. Um verdadeiro avivamento tem que ser fundamentado sobre uma doutrina sólida (grão e óleo), misturado com o mover fresco do Seu Espírito (vinho novo). Este é o significado de Jezreel, Deus semeando na terra um novo avivamento. Esta é a conexão entre a dimensão celestial e a terrestre. Mais uma vez, o pão e o vinho têm que vir sempre juntos!

CAPÍTULO 4

A ÁGUA TRANSFORMADA EM VINHO: "ELES NÃO TÊM VINHO!"

Nos capítulos anteriores, estabelecemos que, para termos uma vida espiritual equilibrada, esta precisa ser composta de uma combinação de pão e vinho. Também vimos que o pão é o símbolo das Escrituras, enquanto o vinho representa o mover de Deus. Sabemos que Israel, no passado, experimentou o poder milagroso do Espírito, mas quando Jesus veio à terra, essa manifestação sobrenatural não estava presente. Jesus veio restaurar o vinho do Espírito ao Seu povo. O milagre de transformar água em vinho foi um significativo sinal profético do que Ele veio fazer.

Para entendermos plenamente o significado do primeiro milagre, precisamos rapidamente examinar o final do Velho Testamento. O último versículo do Velho Testamento diz: "e ele converterá o coração dos pais aos filhos, e o coração dos filhos aos pais; para que eu não venha e fira a terra com maldição." (Malaquias

4.6). Provavelmente, há revelação suficiente neste versículo para escrever outro livro completo. O que quero enfatizar, neste ponto, contudo, é que isso era o anúncio da vinda do Messias, Jesus Cristo, aquele que seria o novo padrão para o mover de Deus na terra.

Após este último versículo, no Velho Testamento, referindo-se a uma maldição trazida pela brecha entre paternidade e filiação, houve um período de 400 anos em que Deus permaneceu em silêncio. Este foi o período intertestamentário entre Malaquias e Mateus. O céu silenciou-se, não houve voz profética para a nação de Israel durante todo esse tempo. O comentário bíblico *Jamieson, Fausset & Brown's Commentary* faz uma observação significante. A última palavra proferida no Velho Testamento foi "maldição", enquanto a primeira palavra de Jesus no sermão do monte foi "abençoados"! Neste ponto, a lei do judaísmo trouxe uma maldição, mas o evangelho (boas novas) de Jesus — o fundamento do Cristianismo — trouxe uma bênção. Este foi um entendimento profético da transição do odre velho do judaísmo para o odre novo do cristianismo.

Depois de os filhos de Israel terem suportado 400 anos do silêncio de Deus, Ele enviou Seu "Filho" como uma solução para a maldição do Velho Testamento. Deus plantou uma semente de Si mesmo na humanidade, na forma de Jesus Cristo. Aqui, vemos que Deus como Jesus tornou-se o Filho de um Pai. Ao mesmo tempo, Deus (o Pai) tornou-se o Pai de um Filho. Esta era a introdução ao novo modelo do odre novo do cristianismo. Paternidade e filiação foram modeladas pelo próprio Deus e tornaram-se o padrão para a Igreja. O odre novo deveria ser baseado em relacionamento mais do que em regras ou regulamentos – o fardo impossível de carregar da lei do Velho Testamento.

O primeiro milagre de Jesus se deu em um casamento, o qual, em si mesmo, era uma representação profética da nova ordem que Ele estava instituindo. A nova aliança estabeleceria um povo que não seria de meros servos, mas seria Sua noiva! Antes de Jesus realizar Seu primeiro milagre, o qual podemos imaginar que seria de um significado profético muito importante, Sua mãe foi até Ele e disse algo muito significativo.

No casamento, Maria foi até Jesus e disse: "Eles não têm mais vinho." (João 2.3b). Essa foi uma declaração muito expressiva sobre a nação que guardou as Escrituras desde os dias de Moisés, mas que não teve qualquer palavra profética ou mover de Deus por mais de 400 anos. Havia muito pão, muita Escritura, mas absolutamente nenhum relacionamento ou conhecimento pessoal de Deus. ELES NÃO TINHAM VINHO! Este foi o primeiro milagre de Jesus e uma representação profética do novo mover de Deus na terra. E isso mostrou o método que Ele usaria para preparar Sua noiva para o casamento – para um lugar de intimidade e conhecimento pessoal do próprio Deus: o derramamento do vinho.

Jesus ordenou aos servos, na festa de casamento, que enchessem seis jarros de pedra com água. Seis é o número do homem, já que foi criado no sexto dia. Pedra também simboliza o homem, visto que esta é formada de barro consolidado e elementos naturais da terra, o que também constitui o material da criação do ser humano. Sendo assim, neste milagre, os seis jarros de barro que seriam enchidos representam o homem.

Leia as duas referências a seguir, que mostram a água simbolizando o Espírito Santo.

> Porque **derramarei água** sobre o sedento e torrentes sobre a terra seca; **derramarei o meu Espírito** sobre a tua posteridade e a minha bênção sobre a tua descendência... (Isaías 44.3 – grifos do autor)

> Como diz a Escritura, **rios de água viva** correrão do interior de quem crê em mim. **Ele disse isso referindo-se ao Espírito** que os que nele cressem haveriam de receber; porque o Espírito ainda não havia sido dado, pois Jesus ainda não fora glorificado. (João 7.38-39 – grifos do autor)

Jesus derramou água dentro dos jarros, representando o derramar do Espírito Santo. Como em João 7.39 é declarado, aquela água não tinha sido derramada antes, porque o Espírito Santo não tinha sido dado ainda. Esse derramar aconteceu no dia de Pentecostes, quando Jesus inaugurou a Igreja. Naquele dia, Ele derramou a água do Seu Espírito nas vidas de jarros de barro – Seus discípulos. A água tornou-se o vinho do novo mover de Deus, cujo alcance chegaria até os confins da terra. Como disse o mestre de cerimônias, na festa de casamento, em João 2.10 (tradução livre): "Você guardou o melhor vinho até agora!".

No dia de Pentecostes, Jesus derramou vinho novo! Naquele momento, a nação de Israel só tinha o pão das Escrituras. Como disse Maria: "eles não têm vinho". Jesus transformou água em vinho no dia em que derramou o Espírito sobre Seus discípulos. Ele batizou Sua Igreja com o Espírito Santo e acrescentou vinho ao pão. Era um odre novo para um novo dia!

Assim, com o primeiro milagre realizado por Jesus, o Senhor anuncia o que veio fazer na terra: derramar vinho novo! Isso nos leva a perguntar: onde Ele derramaria o vinho novo do novo mover de Deus? O vinho novo precisa ser colocado em um odre novo!

CAPÍTULO 5
VINHO NOVO EM ODRES NOVOS

> E ninguém põe vinho novo em recipiente de couro velho; porque o vinho novo romperá o recipiente de couro e se derramará, e o recipiente de couro se perderá; mas põe-se vinho novo em recipiente de couro novo. E ninguém, depois de beber o vinho velho, quer o novo, pois diz: O vinho velho é melhor. (Lucas 5.37-39)

Já vimos que o vinho representa o mover de Deus. O odre (recipiente de couro), então, é o que contém o vinho. Na nossa realidade, é a estrutura ou forma sobre a qual o mover de Deus é derramado ou disperso em toda a terra. Em termos atuais, o odre é a estrutura da Igreja ou povo de Deus.

Nesta passagem, Jesus faz uma proclamação profética do que estava para acontecer com Seu povo. Como veremos na passagem subsequente, primeiro, Ele fala sobre o fim da religião judaica e o início do cristianismo. Depois, Ele revela a natureza do próximo mover de Deus, que carregaria o cristianismo adiante pelos próximos 2000 anos. Analisaremos estes aspectos individualmente no momento apropriado.

O restante deste livro está dividido em mais duas partes, além desta primeira. A próxima parte será sobre a transferência do mover de Deus do judaísmo para o cristianismo. Na parte final do livro, estudaremos sobre a renovação e o avivamento que já estão acontecendo, os quais servem para a preparação da Igreja para a volta do Senhor Jesus.

> É necessário que o céu o receba até o tempo da restauração de todas as coisas, sobre as quais Deus falou pela boca dos seus santos profetas, desde o princípio. Pois Moisés disse: O Senhor, vosso Deus, levantará dentre vossos irmãos um profeta semelhante a mim; a ele ouvireis em tudo que vos disser. (Atos 3.21-22)

Em suma, se Jesus não voltou, se o céu ainda O retém, então ainda há um contínuo trabalho de restauração e mudança acontecendo na Sua Igreja.

Antes de nos aprofundarmos no avivamento da Igreja, no entanto, examinaremos detalhadamente a transição da antiga aliança para a nova aliança. Deus havia preservado o povo de Israel desde os dias de Moisés. Com a vitória de Jesus na cruz, agora Ele derramaria vinho novo, o qual estenderia Sua bênção de uma nação para todas as nações do mundo.

A primeira promessa de Deus a Abraão foi:

> E farei de ti uma grande nação, te abençoarei e engrandecerei o teu nome; e tu serás uma bênção. Abençoarei os que te abençoarem e amaldiçoarei quem te amaldiçoar; e todas as famílias da terra serão abençoadas por meio de ti. (Gênesis 12.2-3)

Aqui vemos a promessa dividida em duas partes. Primeiro, "de ti farei uma grande nação". Segundo, "por meio de ti, todas as famílias da terra serão abençoadas". Antes que Israel nascesse, Deus já havia definido Seu plano. Primeiramente, Ele faria da família de Abraão uma grande nação. Esta era a promessa da nação de Israel, bem como a provisão para a religião judaica. Em segundo lugar, todas as famílias ou nações da terra seriam abençoadas através de Abraão. Isso fala do nascimento de Jesus Cristo e da religião cristã. Isso traria a transição da bênção de Deus. Deus não mais abençoaria apenas uma nação, mas, através daquela nação (Israel), todas as nações do mundo seriam abençoadas, pelo poder da salvação, através do sangue de Jesus Cristo — a semente de Abraão.

Deus confirmou Seu plano pela segunda vez a Abraão. Deus disse a ele, em Gênesis 22.17: "[...] que com certeza te abençoarei e multiplicarei grandemente a tua descendência, como as estrelas do céu e como a areia na praia do mar". Aqui vemos duas promessas. Areia fala do que é natural, assim, a areia na praia refere-

-se a Israel físico, os filhos naturais de Abraão. Estrelas falam do que é celestial ou espiritual. As estrelas no céu falam de Israel espiritual ou dos filhos espirituais de Abraão, que é o pai de todos os que vivem pela fé (Romanos 4.16). Isso esclarece o que Deus queria dizer em Gênesis 17.5, quando Ele falou que Abraão seria o "pai de **muitas nações**" (grifo do autor).

> Mas primeiro não veio o espiritual, e sim o natural; depois veio o espiritual. (1 Coríntios 15.46)

Neste contexto, vemos que Israel nasceu no natural e no espiritual. Primeiro veio o Israel físico, a "**grande nação**" prometida (Gênesis 12.2 – grifo do autor), os filhos naturais de Abraão, a linhagem da qual Jesus nasceria na terra. Depois, veio o Israel espiritual, os filhos espirituais de Abraão, aqueles que receberam o Messias prometido nascido do Israel natural. Foi assim que Deus cumpriu Sua promessa de fazer de Abraão o pai de "**muitas nações**" (Gênesis 17.4 – grifo do autor).

Para compreendermos isso plenamente, devemos entender o significado bíblico de Israel como um povo escolhido. Deuteronômio 7.6 declara que Deus escolheu Israel para ser um povo para Si mesmo, um tesouro especial sobre todos os povos da terra. Todas as três principais religiões monoteístas da terra creem que Israel foi escolhido por Deus. Além dos cristãos e judeus, os muçulmanos também entendem isso, como é claramente declarado no alcorão: "Filhos de Israel! Lembrem-se do meu favor, que eu concedi a vós, que eu os escolhi entre todas as nações" (Al-Baqara 2.47).

Ninguém pode negar que no cristianismo, no judaísmo e no Islamismo há um reconhecimento universal de Israel como povo escolhido, abençoado e favorecido por Deus. A questão é qual é a natureza e o propósito dessa bênção?

> [...] e todas as nações da terra serão abençoadas por meio da tua descendência, pois obedeceste à minha voz. (Gênesis 22.18)

O propósito da bênção de Deus para Abraão era que, através da SEMENTE dele, todas as nações da terra fossem abençoadas. Devido ao pecado de Adão, a única chance para a salvação da humanidade seria o próprio Deus vir e redimir a terra – Deus tornando-se homem! Mas, porque a salvação da humanidade tinha que ser através de um homem, Deus tinha que ESCOLHER onde Ele plantaria esta semente de Si mesmo na terra: em um povo escolhido. De todas as nações da terra, Deus escolheu Israel, o descendente de Abraão, Seu servo fiel. Ele abençoou Israel cercando-o com proteção e prosperando o trabalho de suas mãos. Israel era claramente o escolhido de Deus! Escolhido para quê? Como a nação através da qual o Filho de Deus nasceria no mundo, o lugar de nascimento do Salvador da espécie humana, Jesus Cristo.

À luz da salvação que Jesus trouxe a todas as nações da terra, podemos entender claramente o propósito do chamado de Israel, seu favor e proteção. O plano eterno era que uma nação na terra fosse o mordomo dos mistérios e do conhecimento do verdadeiro Deus. Então, desta nação nasceria o Messias, que ofereceria salvação a toda a terra. Depois, essa nação – através da Semente, Jesus – seria a bênção e a porta de salvação para todas as nações. Com frequência, Israel se esquecia do propósito de seu chamado. Os israelitas viam a si mesmos mais como o mero recipiente das bênçãos de Deus, em vez de um canal das bênçãos para todas as nações da terra. Israel fora claramente escolhido por Deus! Escolhido para trazer Jesus Cristo ao mundo, e por meio dele, todas as nações poderiam conhecer a Deus e receber Sua bênção. A vinda de Jesus marcava a transferência de um "mover de Deus nacional" para um "mover de Deus global".

Podemos resumir essa transição estudando as duas proeminentes árvores simbólicas na história de Israel, a oliveira e a figueira. Claro que examinaremos esse ponto mais detalhadamente na parte dois deste livro, portanto, um breve resumo deste princípio nos trará mais clareza da natureza da transição dos odres, do velho para o novo.

A figueira representava a religião judaica. Ao final do ministério de Jesus, Ele amaldiçoou a figueira e disse, em Mateus 21.19: "Nunca mais nasça fruto de ti". Naquele dia, a figueira secou e, daquele momento em diante, a religião judaica nunca mais produziu fruto na terra. Enquanto o povo foi preservado, a religião em si, com seu sistema de sacrifícios e ofertas, nunca mais foi implementada desde 70 d.C., quando o templo foi destruído pelo príncipe Tito de Roma.

A oliveira representa Israel espiritual. Este era o povo de fé, na nação de Israel, no Velho Testamento. Romanos 11.17-20 explica que alguns ramos foram quebrados por causa da incredulidade, enquanto outros (gentios) foram enxertados pela fé. A chave para ser parte da oliveira é a fé – ser filhos espirituais de Abraão, que a Bíblia chama de "pai da fé". O ponto é que a oliveira nunca mudou. Ainda é a mesma árvore. Alguns ramos foram arrancados, porque se negaram a aceitar Jesus. Muitos desses ramos judeus serão enxertados novamente, quando aceitarem Jesus como seu Messias. Outros ramos não judeus foram enxertados, porque aceitaram Jesus. Contudo, a árvore é a mesma como no Velho Testamento. No momento do sacrifício de Jesus na cruz, houve uma transição de um mover de Deus em uma nação para um mover de Deus entre todas as nações! A oliveira, no Novo Testamento, é a comunidade global de todos que verdadeiramente seguem Jesus Cristo.

Não podemos cometer o erro de confundir a oliveira com todas as pessoas que simplesmente se chamam "cristãos". Atrocidades inimagináveis foram cometidas na terra por alguns que se chamam "cristãos". Porém, a verdadeira oliveira, os verdadeiros filhos de Abraão, são verdadeiros seguidores de Jesus, que continuam a florescer na terra. Eles são aqueles que formam o novo odre, sobre o qual Jesus está derramando o vinho novo do avivamento! No Antigo Testamento, a salvação era para os judeus, mas por Jesus, esta salvação foi estendida a todo o mundo.

> E agora diz o SENHOR, que me formou desde o ventre para ser o seu servo, para tornar a trazer-lhe Jacó e para reunir Israel a ele, pois sou honrado aos olhos do SENHOR, e o meu Deus tem sido a minha força. Ele diz: Não basta que sejas o meu servo para restaurares as tribos de Jacó e trazeres de volta os remanescentes de Israel. Também te porei para luz das nações, para seres a minha salvação até a extremidade da terra. (Isaías 49.5–6)

> E toda carne verá a salvação de Deus. (Lucas 3.6 – Almeida Revista e Atualizada)

A TRANSIÇÃO PARA O ODRE NOVO

> [...] mas põe-se vinho novo em recipiente de couro novo. (Lucas 5.38)

Aqui temos uma declaração profunda feita por Jesus aos fariseus e ao povo de Israel, referindo-se às futuras mudanças que Ele estava prestes a implementar. Ele estava derramando vinho novo, um novo mover do Espírito Santo; uma nova forma de se achegar a Deus baseada em amor e relacionamento. Esse vinho novo, porém, não poderia ser derramado no odre velho do judaísmo, nem era esse o plano de Deus desde o início. O plano de Deus nunca foi salvar apenas uma nação, mas sim usar a nação escolhida para trazer o Messias Salvador, o qual salvaria todas as nações. Assim, Jesus veio implementar a transição do judaísmo para o cristianismo. Esta seria uma transição de um relacionamento nacional com Deus para um relacionamento global com Deus!

Se olharmos o versículo anterior, neste contexto, descobriremos que Jesus estava respondendo a seguinte pergunta: "Por que os discípulos dos fariseus e de João jejuam frequentemente, mas os teus discípulos não?" (Lucas 5.33). A lei de Moisés, entregue por Deus ao Seu povo, requeria um jejum a cada ano no dia da expiação. Os fariseus, no entanto, acrescentaram tanto à lei, que eles jejuavam duas vezes por semana. A lei de Moisés, dada por Deus, fora tão alterada que se transformou em uma longa lista de requerimentos religiosos impossíveis de serem cumpridos. Era uma violação clara do seguinte princípio espiritual:

> Não acrescentareis nada à palavra que ele vos ordena, nem diminuireis nada, para que guardeis os mandamentos

do SENHOR, vosso Deus, que eu vos ordeno. (Deuteronômio 4.2)

A resposta de Jesus à acusação dos judeus religiosos foi que o vinho novo tinha que ser colocado em um odre novo. Especificamente, isso se referia ao vinho novo do mover de Deus na terra, cujo derramamento seria dentro da nova estrutura do cristianismo. Esse novo odre era baseado em uma forma mais simples de expressão – amor, ao invés de lei.

Os judeus tinham mudado tanto a lei de Deus, dada através de Moisés, que esta era quase irreconhecível. O odre novo teria apenas dois princípios:

> Jesus lhe respondeu: Amarás o Senhor teu Deus de todo o coração, de toda a alma e de todo o entendimento. Este é o maior e o primeiro mandamento. E o segundo, semelhante a este, é: Amarás o teu próximo como a ti mesmo. Toda a Lei e os Profetas dependem desses dois mandamentos. (Mateus 22.37-40)

O odre velho era baseado na lei, a qual fora distorcida, ao longo do tempo, pelos líderes religiosos de Israel. A nova lei do odre novo, contudo, seria enraizada no amor. O odre novo do cristianismo enfatizava um relacionamento de amor com Deus. Ame a Deus com todo seu coração, alma, mente e força! O poder escondido nisto abre a porta para a intimidade! "Beije-me Ele com os beijos da Sua boca; **porque melhor é**

o teu amor do que o vinho." (Cânticos dos Cânticos 1.2 – Almeida Corrigida Fiel – grifo do autor)

Vinho novo em um odre novo significa que Jesus estava derramando um novo mover de Deus em um novo sistema baseado no amor. Esta era a Igreja cristã inaugurada no dia de Pentecostes. Daquele momento em diante, a forma de Deus lidar com Seu povo mudou. Mudou porque já não mais havia a necessidade de um sistema sacrificial temporário, com sua lista de leis religiosas. Jesus se tornara o único sacrifício necessário. Ele cumpriu a lei e se tornou a entrada para um eterno relacionamento com Deus. Vindo à terra, Ele anunciou que "ninguém chega ao Pai, a não ser por mim" (João 14.6). Ninguém mais poderia se aproximar de Deus através da religião ou de um sistema de sacrifícios de animais, a não ser por Cristo.

Muitos já tentaram tornar o cristianismo uma mistura de princípios mosaicos e cristãos. Isto é derramar vinho novo em odre velho. Não funciona. O odre velho da religião judaica não pode conter o vinho novo da atual obra de Deus na terra. A parte dois deste livro dedica-se a examinar detalhadamente a transição do judaísmo para o cristianismo. Trata-se de uma revisão expandida de parte de uma obra publicada anteriormente, sob o título *Trazendo Luz à Lei*. Já discutimos alguns dos princípios, mas os examinaremos com mais detalhes, especialmente elementos específicos dessa mudança de odre.

PARTE II
VINHO NOVO EM ODRE NOVO:
A TRANSIÇÃO DO JUDAÍSMO PARA O CRISTIANISMO

CAPÍTULO 6

JUDAÍSMO E CRISTIANISMO

Um dos assuntos bastante controversos na Igreja hoje é a discussão sobre Israel. Israel ainda é a nação especial escolhida por Deus? E quanto à Igreja, esta substituiu Israel? Qual é a relação entre a Igreja e Israel? A respeito do judaísmo, ainda é uma religião relevante aos olhos de Deus? Sobre as "origens judaicas" da Igreja, os cristãos ainda deveriam estar observando os rituais da aliança mosaica? Estes são alguns questionamentos presentes no cristianismo moderno.

Há quem creia que, nos últimos dias, tudo estará centrado na restauração de um templo judaico em Jerusalém. Outros dizem que, depois de rejeitarem Jesus, Israel não tem mais nada a ver com o plano de Deus. Alguns dizem que a Igreja substituiu Israel, enquanto outros dizem que esta deve salvar Israel. E ainda há os que enfatizam a importância de voltarmos às nossas raízes judaicas e que ainda deveríamos celebrar as festas de Israel e o sábado. Alguns acreditam na importância de tocar o shofar como único verdadeiro chamado à adoração. Outros nos dizem que devemos usar um xale para uma intercessão efetiva. Quantos desses costumes da velha aliança mosaica precisamos realmente observar? Deveríamos guardar o sábado com seu ritual de acender o candelabro ao pôr do sol de sexta-feira? Entendemos que não precisamos sacrificar animais, porque Jesus foi nosso sacrifício perfeito, mas qual é o limite exatamente? A circuncisão era parte da Lei de Moisés, assim como as festas e o sábado. Certamente os homens não precisam ser circuncidados, não é?

Para aplicarmos a palavra da verdade com precisão (2 Timóteo 2.15), nós cristãos precisamos entender claramente a diferença entre a velha e a nova aliança, também chamadas de odres velho e novo, respectivamente. A aliança mosaica da lei, com todas as suas regras, regulamentos, sacrifícios, ofertas, festas e sábados, tem sua importância e aponta para grandes verdades sobre a realidade da nova aliança cristã, porém, não é mais o que direciona o povo à salvação. Por causa do seu excesso de zelo pela verdade, muitos líderes cristãos cometem o mesmo erro da Igreja primitiva, ao tentarem levar o povo de Deus à observação da Lei Mosaica. A resposta a esses líderes hoje é a mesma que o apóstolo Paulo deu aos crentes legalistas dos seus dias, que tentavam impor as ordenanças judaicas sobre os novos crentes cristãos.

> Ó gálatas insensatos! Quem vos seduziu? Não foi diante de vós que Jesus Cristo foi exposto como crucificado? É só isto que quero saber de vós: foi pelas obras da lei que recebestes o Espírito, ou pela fé naquilo que ouvistes? Sois tão insensatos assim, a ponto de, tendo começado pelo Espírito, estar agora vos aperfeiçoando pela carne? (Gálatas 3.1-3)

Resumindo o que o apóstolo Paulo estava dizendo, não é a observância de rituais da Lei Mosaica que traz salvação ou perfeição, mas sim nossa fé e relacionamento de amor com Jesus. O verdadeiro cristianismo não é experimentado através da lei judaica ou do cumprimento de rituais mosaicos. O odre velho, com seus rituais e ordenanças, não pode conter o vinho novo do movimento de avivamento de Deus. O odre novo é baseado em um relacionamento íntimo com Jesus.

Foi isso que o apóstolo quis dizer em Efésios 2.8-9: "Porque pela graça sois salvos, por meio da fé, e isto não vem de vós, é dom de Deus; não vem das obras, para que ninguém se orgulhe". Este versículo é frequentemente usado de forma errônea por aqueles que ensinam a doutrina de uma graça permissiva, a qual basicamente diz que você pode fazer qualquer coisa, já que você não precisa se esforçar para ganhar o amor de Deus ou Sua salvação. Ao examinarmos este trecho, no contexto das epístolas de Paulo no Novo Testamento, no entanto, seu verdadeiro significado vem à luz. As "obras" referidas aqui são as obras da Lei Mosaica. Ele está dizendo que a salvação não vem pelo cumprimento da lei judaica, mas através da graça e mediante a fé no Senhor Jesus. Apesar disso, é absurdo pensar que nossas obras e nosso empenho em obedecer aos ensinamentos de Deus são irrelevantes. Jesus disse, em Mateus 16.27: "Porque o Filho do homem virá na glória de seu Pai, com os seus anjos, e então retribuirá a cada um segundo suas obras". Nossa salvação é um dom gratuito de Deus, não recebido através de rituais e costumes judaicos (obras), mas pela graça e fé em Jesus Cristo. Nossa recompensa, porém, é baseada em nossas obras de obediência aos mandamentos e instruções de nosso Senhor Jesus.

Devemos examinar as Escrituras para entendermos a verdade por trás das sombras do Velho Testamento. Um dos grandes problemas do cristianismo moderno é que poucas pessoas realmente estudam a palavra de Deus. Como já vimos, precisamos de pão servido com nosso vinho! Embora a Bíblia nos tenha sido dada como um mapa para nossa fé e nossa caminhada cristã, alguns não passam tempo algum pesquisando as Escrituras sozinhos. Muitos crentes simplesmente vão aos cultos da igreja e dependem da pregação de algum pastor ou líder para terem entendimento da Bíblia. Se não estudamos a Palavra de Deus por nós mesmos, podemos ser facilmente enganados. Seria fácil para alguém vir e apresentar alguns poucos versículos e nos convencer de sua doutrina distorcida da Bíblia como verdade. Conheço tantos cristãos que se levantam para argumentar sobre princípios da Bíblia, do fim dos tempos, da nação de Israel, ou princípios da Igreja. Contudo, a única base que eles têm é formada pelo o que o pastor ou um pregador disse, o que leram num livro ou o que a avó deles falou. Eles nunca estudaram a Palavra, de forma sistemática, por si mesmos e são, portanto, facilmente enganados. No entanto, mesmo sem terem feito qualquer estudo sério da Bíblia, eles se levantam e lutam, e argumentam em defesa de alguma crença que algum pastor ou parente lhes falou. Chegou a hora de construirmos um fundamento da Palavra de Deus para nossas vidas.

ISRAEL E A IGREJA

O primeiro princípio que quero examinar é o de Israel e a Igreja. Na verdade, podemos pensar nestes como Israel natural e Israel espiritual. Trata-se realmente de um conceito simples que nos remete às promessas que Deus fez a Abraão. Já mencionamos isso brevemente na primeira parte deste livro. Contudo, vamos examiná-lo mais detalhadamente agora. Em Gênesis 13.16, Deus prometeu a Abraão "E farei a tua descendência como o pó da terra...". Ao estudarmos a criação, entendemos que o homem foi feito do pó. Pó, portanto, fala do homem natural, e, assim, de Israel natural. Agora, vamos olhar Gênesis 15.5 "Então o levou para fora e disse: Olha agora para o céu e conta as estrelas, se é que consegues contá-las; e acrescentou: Assim será a tua descendência". As estrelas dos céus falam do que é celestial, pois estrelas são elementos celestes. Dessa forma, esta promessa fala do Israel celestial ou "espiritual".

Deus prometeu a Abraão abençoá-lo com filhos naturais (Israel natural) e filhos celestiais (Israel espiritual). Em todo o Velho Testamento, Israel natural e espiritual eram um só. Porém, quando veio o Messias, muitos dos israelitas naturais O rejeitaram. Um remanescente da nação judaica aceitou Jesus. Esse remanescente se tornou Israel espiritual e muitos gentios foram adicionados a eles a partir do que aconteceu no livro de Atos. O grande ponto de separação foi a cruz de Jesus. Depois da cruz, muitos judeus rejeitaram o Messias e foram separados do Israel espiritual. Ao mesmo tempo, muitos gentios aceitaram o Messias e foram "enxertados" em Israel (Romanos 11.17-23). Há uma nova base para ser parte de Israel: pela fé em Jesus. Em Romanos 11, o apóstolo Paulo descreve Israel como uma oliveira com ramos, que são membros, que podem ser quebrados ou enxertados. Agora, ramos velhos que foram quebrados (israelitas naturais), podem ser enxertados de volta na árvore pela fé em Jesus, da mesma forma que você e eu fomos enxertados. Não existe uma salvação separada para o judeu e para o gentio, mas todos vêm a Israel espiritual, à Igreja, ao Reino de Deus pela fé em Jesus!

Em Atos 7.38, a Bíblia chama a nação de Israel de "a congregação no deserto". A palavra grega para congregação usada nesse versículo é *ekklesia*. Esta palavra aparece 117 vezes no Novo Testamento, e, na maioria das vezes, é traduzida como "igreja". Então aqui vemos o conceito de Israel sendo a Igreja no deserto, e, a partir disso, chegamos à conclusão de que havia uma Igreja no Velho Testamento. Entretanto, Jesus, em Mateus 16.18, diz: "[...] sobre esta rocha edificarei a **minha** igreja" (grifo do autor). Está claro que havia uma Igreja no Velho Testamento, a nação de Israel. Porém, depois de a Igreja ter rejeitado o seu líder, o Messias, Jesus construiu Sua nova Igreja, formada de todos os crentes, tanto judeus como gentios. A Igreja (*ekklesia*) passou por uma transição.

Depois desta transição, vemos uma mudança em "Israel". Não se trata mais de uma simples nação de pessoas que vivem em uma pequena porção de terra no Oriente Médio. O novo Israel é uma entidade espiritual. Depois da vinda de Jesus, Israel passou de um povo étnico de uma nação para um povo espiritual de todas as nações. Israel espiritual é o que a Bíblia chama de "o Israel de Deus" (Gálatas 6.16). Em Romanos 9.6, o apóstolo Paulo nos dá uma chave que responde a essa questão. Esse versículo diz: "Não é o caso de a palavra de Deus ter falhado. Porque nem todos os que são de Israel são israelitas." Em outras palavras, nem todos que fazem parte de Israel (espiritual) são israelitas (naturais). Isso esclarece a aparente contradição entre Romanos 11.26 e Romanos 9.27.

Romanos 9.27 diz: "[...] Ainda que o número dos filhos de Israel seja como a areia do mar, o remanescente é que será salvo". O remanescente é aquele que crê e aceita Jesus como Messias. Romanos 11.26 diz: "[...] e assim todo o Israel será salvo...". Isto é tão verdadeiro! Todo o Israel espiritual, o Israel de Deus, todos os que foram enxertados na oliveira serão salvos. Então, ambos são verdade: somente o remanescente do Israel (natural) será salvo, mas, ao mesmo tempo, todo o Israel (espiritual) será salvo.

O QUE É UMA ALIANÇA?

Para de fato compreendermos essa relação entre Israel espiritual e natural, é necessário certo entendimento sobre o significado de uma aliança. A palavra hebraica para aliança é *berith*, que significa "cortar". Uma aliança, então, é um contrato ou acordo entre duas partes estabelecido com sangue (do "corte" de um animal sacrificado). A aliança envolve certas promessas e condições entre os membros participantes. A violação de uma aliança significaria a morte do transgressor. Isso era simbolizado pela morte do animal sacrificado, cujo sangue era usado para ratificar a aliança.

No caso de uma aliança com Deus, o homem tem tão pouco a oferecer em comparação ao que Deus pode lhe proporcionar, que ela se torna um tanto unilateral. Deuteronômio 28 claramente declara as bênçãos da obediência e as maldições da desobediência a partir de uma aliança.

> Se ouvires atentamente a voz do SENHOR, teu Deus, tendo o cuidado de guardar todos os seus mandamentos que hoje te ordeno, o SENHOR, teu Deus, te exaltará sobre todas as nações da terra. Se ouvires a voz do SENHOR, teu Deus, todas estas bênçãos virão sobre ti e te alcançarão. (Deuteronômio 28.1-2)

> Se, porém, não ouvires a voz do SENHOR, teu Deus, não cumprindo todos os seus mandamentos e os seus estatutos, que hoje te ordeno, todas estas maldições virão sobre ti e te alcançarão. (Deuteronômio 28.15)

Enquanto Israel obedecesse a Lei de Moisés, a aliança com Deus seria mantida. Mas, devido ao pecado do homem e sua incapacidade para cumprir a lei, a aliança era constantemente quebrada, e o sangue do sacrifício de animais era continuamente oferecido para cobrir os pecados do povo temporariamente.

> Ora, sendo a lei sombra dos bens futuros, e não a imagem exata das coisas boas, jamais pode aperfeiçoar os que vêm apresentar suas ofertas por meio dos mesmos sacrifícios que continuamente se oferecem de ano em ano. Se não fosse

assim, não teriam deixado de ser oferecidos? Pois, se os adoradores tivessem sido purificados de uma vez por todas, nunca mais teriam consciência do pecado. Porém, por meio desses sacrifícios se faz recordação dos pecados a cada ano, pois é impossível que o sangue de touros e de bodes apague pecados. (Hebreus 10.1-4)

A Bíblia fala sobre diversas alianças que Deus fez com os homens. Havia alianças individuais, feitas com Noé, Abraão e Davi, entre outros, e alianças coletivas, que Deus fez com o povo. Duas dessas alianças, em particular, são importantes para o nosso estudo e serão apresentadas a seguir.

CAPÍTULO 7
DA VELHA À NOVA ALIANÇA

A palavra grega para aliança é *diathece*, que também é traduzida como "testamento". Quando observamos a estrutura da Bíblia, vemos que ela é dividida em velha aliança (Velho Testamento) e nova aliança (Novo Testamento). Estas são as duas alianças principais na Bíblia.

A velha aliança é a Aliança Mosaica, que foi feita com Israel natural. O sangue necessário para que fosse selada provinha de ofertas sacrificiais. Essa aliança, também conhecida como a Lei de Moisés, era composta de cinco elementos: o tabernáculo, as festas, o sacerdócio, as ofertas (sacrifícios) e a lei em si. A lei pode ser ainda dividida em três partes: moral, civil e cerimonial. A lei moral governava a vida pessoal, a lei civil governava a vida nacional e a lei cerimonial governava a vida religiosa. Essas cinco ordenanças formavam uma complexa rede de instruções, regras e regulamentos. Elas formavam um pacote completo e, se uma pessoa quebrasse ainda que apenas uma dessas regras, ela violava toda a Aliança Mosaica. Tiago 2.10 claramente declara: "Pois quem obedece a toda a Lei, mas tropeça em apenas um ponto, torna-se culpado de quebrá-la inteiramente" (Nova Versão Internacional).

Parte da Aliança Mosaica era composta pelos Dez Mandamentos, em que podemos ver uma lista de regras: Não mate, não roube, não adultere etc.. Entre esses, é interessante notar que o último mandamento era "não cobiçarás...". Isto significa que não era suficiente não adulterar, mas os Dez Mandamentos estavam dizendo "Nem mesmo QUEIRA adulterar". Ainda que uma pessoa fizesse todo esforço possível para cumprir os nove primeiros mandamentos, no décimo, ela falharia, pois mesmo que ela não chegasse a um ato pecaminoso, em algum momento, desejaria o pecado. O que a lei estava ordenando não era apenas "Não peques", mas também "Nem mesmo QUEIRA pecar"! Portanto, era impossível ao homem guardar a Lei de Moisés. Ano após ano, mais e mais sangue sacrificial era derramado para renovar a aliança.

A nova aliança, por outro lado, é baseada na obra completa da cruz e ratificada pelo perfeito sangue de Jesus. Ela foi feita com Israel espiritual, por aqueles que a recebem pela fé na obra completa de Jesus na cruz. Em Colossenses 2.13, a Bíblia diz "[...] que estávamos mortos em nossas transgressões..." (tradução livre). Nós transgredimos a lei e quebramos a velha aliança. Porém, os versículos 14 e 15 continuam dizendo:

> [...] e, apagando a escrita de dívida, que nos era contrária e constava contra nós em seus mandamentos, removeu-a do nosso meio, cravando-a na cruz; e, tendo despojado os principados e poderes, os expôs em público e na mesma cruz triunfou sobre eles. (Colossenses 2.14-15)

Jesus pregou as ordenanças que eram contra nós na cruz, estabelecendo uma nova aliança. Ele "removeu" os requerimentos!

Vamos seguir lendo os versículos 16 e 17:

> Assim, ninguém vos julgue pelo comer, ou pelo beber, ou por causa de dias de festa, ou de lua nova, ou de sábados, os quais são sombras das coisas que haveriam de vir; mas a realidade é Cristo. (Colossenses 2.16-17)

Mesmo que alguns, hoje, queiram voltar a cumprir os rituais do judaísmo, a Palavra diz que "ninguém vos julgue" por não cumprir as ordenanças da lei mosaica. Este é um novo dia, uma **nova aliança**, baseada não nas sombras dos rituais, mas no real relacionamento de fé com Jesus.

Em Atos 15, depois de muitos gentios serem acrescentados à Igreja, levantou-se uma grande controvérsia com relação aos cristãos terem ou não de cumprir a Aliança Mosaica. O versículo 5 diz: "Mas alguns do grupo religioso dos fariseus, que haviam crido, levantaram-se e disseram que era necessário circuncidá-los e mandar que obedecessem à lei de Moisés". Os apóstolos e anciãos se reuniram no Conselho de Jerusalém para responder a essa questão e estabelecer um precedente para a Igreja do Novo Testamento (nova aliança). Aqui está o que os fundadores da Igreja, os apóstolos e anciãos, os quais Jesus apontara, ordenaram para o crente da nova aliança sobre manter as leis da velha aliança:

> [...] Os apóstolos e os irmãos presbíteros, aos irmãos dentre os gentios em Antioquia, Síria e Cilícia, saudações. Desde que soubemos que alguns dos nossos, os quais não enviamos, vos têm perturbado com palavras, confundindo-vos a mente, pareceu-nos bem, tendo chegado a um acordo, escolher alguns homens e enviá-los [...] os quais também vos anunciarão as mesmas coisas de viva voz. Porque pareceu bem ao Espírito Santo e a nós não vos impor maior encargo além destas coisas necessárias: que vos abstenhais da carne de animais sacrificados aos ídolos, do sangue, da carne de animais sufocados e da imoralidade sexual. Fareis bem se vos guardardes dessas coisas. Fazemos votos de que esteja tudo bem entre vós. (Atos 15.23b-25, 27-29)

Não poderia ser mais óbvio que isso. A questão foi claramente resolvida quase 2000 anos atrás. Os líderes religiosos daqueles dias queriam colocar o fardo do judaísmo sobre os crentes na Igreja, mas o ministério apostólico estabelecido por Jesus falou-lhes claramente que isso não era necessário. O mesmo está acontecendo hoje. Há alguns que "perturbam" os crentes "a quem Deus não ordenou" para que cumpram as ordenanças do judaísmo. Há quem nos diga que temos que manter as festas de Israel; guardar o sábado; usar um xale para orar; tocar o *shofar*; queimar óleo no candelabro, como se manter o odre velho do judaísmo fosse algo significante para nossa caminhada cristã. Contudo, a Bíblia claramente declara, em Colossenses 2, que todos esses requerimentos foram apagados, Jesus pregou todos eles na cruz!

A CONFUSÃO DAS ALIANÇAS

Há uma confusão na Igreja hoje com relação às duas alianças mencionadas: a velha aliança, que foi quebrada, e a nova aliança, que está em vigor agora. Vamos examinar a fonte dessa confusão.

Ao lermos a Lei de Moisés, no Velho Testamento, encontramos várias vezes a frase: "este será um estatuto para sempre" ou "esta será uma aliança perpétua". Êxodo 27.20-21 diz que a lâmpada queimará continuamente. Onde está esta lâmpada? Ela ainda está queimando? Números 18.23 diz que os levitas realizarão o trabalho do tabernáculo, este será um estatuto para sempre. Quem são esses levitas? Eles ainda estão realizando o trabalho do tabernáculo? Afinal de contas, a Bíblia disse que este seria um estatuto para sempre. Êxodo 31.16 diz que os filhos de Israel devem guardar o sábado por todas as suas gerações como uma aliança perpétua. Será que eu deveria acender as velas ao pôr do sol, às sextas-feiras, para comemorar a "aliança perpétua" do sábado? Qual foi o propósito desse mandamento e a que aliança ele pertence? Tudo isso pertencia à Lei de Moisés do Velho Testamento (velha aliança). Isto era uma aliança, e, como já vimos, uma aliança deveria ser perpétua ou eterna. Esta foi a aliança que Deus fez com os filhos de Israel.

No entanto, encontramos uma nova aliança, em Jeremias 31.31, onde lemos: "Dias virão, diz o SENHOR, em que farei uma nova aliança com a casa de Israel e com a casa de Judá". Quem é o Israel de Deus agora? Nós somos os recipientes dessa nova aliança. O versículo 32 diz: "Ela não será como a aliança que fiz com seus pais, quando os peguei pela mão para tirá-los da terra do Egito, pois eles quebraram a minha aliança, mesmo sendo eu o senhor deles, diz o SENHOR".

A Bíblia declara claramente que os filhos de Israel quebraram a aliança. No que diz respeito a esse tipo de pacto, quando uma das partes a quebra, esta é invalidada, ou seja, não existe mais aliança. A velha aliança era uma promessa, um pacto quebrado por Israel. Portanto, Deus promete fazer uma nova aliança. No versículo 33, o profeta Jeremias diz: "Mas esta é a aliança que farei com a casa de Israel depois daqueles dias, diz o SENHOR: Porei a minha lei na sua mente e a escreverei no seu coração. Eu serei o seu Deus, e eles serão o meu povo". Não há mais uma lei em tábuas de pedra, mas o Espírito de Deus dentro de nós, mostrando o que é certo e errado. Este é um novo dia, quando conhecemos a Deus e Seus propósitos. "As minhas ovelhas ouvem a minha voz, eu as conheço, e elas me seguem" (João 10.27), porque estamos sob uma nova aliança.

Com a velha aliança quebrada pelo povo de Israel, veio então a promessa de uma nova aliança confirmada por Jesus, em Mateus 26.28: "[...] porque isto é o meu sangue, o sangue da [nova] aliança, derramado em favor de muitos, para remissão de pecados" (Almeida Revista e Atualizada).

A TRANSIÇÃO PARA A NOVA ALIANÇA

Pouco depois de Jesus ser crucificado, ressurreto dos mortos e elevado aos céus, a Igreja nasceu no dia de Pentecostes. Atos, capítulo 2, nos fala do derramamento do Espírito Santo no cenáculo, onde judeus piedosos de toda nação debaixo do céu estavam em Jerusalém naquele dia. O versículo 41 diz que 3000 deles foram acrescentados à Igreja. Atos 4.32 fala da "multidão dos que criam". Na sequência, Atos 5.14 diz: "Cada vez mais agregava-se ao Senhor grande número de crentes, tanto homens como mulheres". Já em Atos 6.1, diz: "[...] crescendo o número dos discípulos…", e continua no versículo 7: "E a palavra de Deus era divulgada, de modo que o número dos discípulos em Jerusalém se multiplicava muito, e vários sacerdotes obedeciam à fé".

Vemos a progressão no crescimento: de **adição**, em Atos de 2 a 5, até **multiplicação**, no início de Atos 6. A Igreja havia se tornado uma multiplicadora de crentes – primeiramente, todos da fé judaica. Só mais tarde, em Atos 10.44-45, que o Espírito Santo caiu, pela primeira vez, sobre os crentes não judeus na casa de Cornélio. Dessa maneira, a Igreja começou a se espalhar por todo o mundo e perdeu sua identidade como uma entidade judaica. E a Igreja, Israel espiritual, nasceu do resultado do crescimento e da multiplicação do remanescente de Israel, que se espalhou por todas as nações do mundo.

O apóstolo Paulo diz, em Gálatas 2.14, que Pedro, um judeu e um dos discípulos de Jesus, vivia "como os gentios, e não como os judeus". Algo aconteceu no Calvário, pelo sangue de Jesus, fazendo com que o remanescente de Israel abandonasse o judaísmo para viver de forma diferente. Foi a mudança de alianças. Na cruz, tudo mudou!

> E, tomando um cálice, rendeu graças e o deu a eles, dizendo: Bebei dele todos; pois isto é o meu sangue, o sangue da aliança derramado em favor de muitos para perdão dos pecados. (Mateus 26.27-28)

Após a revelação de Jesus como Messias e o derramamento do Seu sangue para uma nova aliança, o apóstolo Paulo diz:

> Nós, judeus por natureza e não pecadores dentre os gentios, sabemos, contudo, que o homem não é justificado pelas obras da lei, mas pela fé em Jesus Cristo. Nós também temos crido em Cristo Jesus, para sermos justificados pela fé em Cristo e não pelas obras da lei, pois ninguém será justificado pelas obras da lei. (Gálatas 2.15-16)

Que revelação! Depois de 1500 anos debaixo da Aliança Mosaica, a verdade é mostrada: "[...] pelas obras da lei, pois ninguém será justificado". O versículo 21 segue dizendo: "[...] se a justiça vem por meio da lei, então Cristo morreu inutilmente".

> Assim foi com Abraão, que creu em Deus, e isso lhe foi atribuído como justiça. Sabei, então, que os da fé é que são filhos de Abraão. E a Escritura, prevendo que Deus iria justificar os gentios pela fé, anunciou com antecedência a boa notícia a Abraão, dizendo: Em ti serão abençoadas todas as nações. Desse modo, os da fé são abençoados juntamente com Abraão, homem que creu. (Gálatas 3.6-9)

O Israel de Deus (Gálatas 6.16), os filhos de Abraão, são APENAS aqueles que têm fé em Jesus. A bênção de Deus nunca foi para pertencer somente à nação de Israel. Antes, Israel seria o canal de bênção para todas as nações do mundo. A velha aliança (velho odre) sempre foi para servir de fundamento para a nova aliança (novo odre). Três vezes (Gênesis 12.3; 18.18 e 22.18) Deus disse a Abraão "[...] na tua semente (Jesus) todas as nações da terra serão abençoadas". Então, em Gênesis 26.4, a promessa foi repetida a Isaque e, em Gênesis 28.14, foi repetida a Jacó (Israel). O plano de Deus era usar Israel como um canal de bênçãos para todas as nações do mundo, pois seria por uma semente (descendente) de Israel que Jesus, o Messias, traria a nova aliança.

CAPÍTULO 8
A MELHOR ALIANÇA

> O ponto principal do que estamos dizendo é este: Temos um sumo sacerdote que se assentou à direita do trono da Majestade no céu, ministro do santuário e do verdadeiro tabernáculo que o Senhor ergueu, não o homem. (Hebreus 8.1-2)

O livro de Hebreus fala de Jesus como o Sumo Sacerdote do verdadeiro tabernáculo que o Senhor construiu. Isso contrasta a função dos sacerdotes que serviram à lei da velha aliança, no Tabernáculo de Moisés, o qual foi construído pelo homem. O versículo 5 de Hebreus 8 diz que os sacerdotes do Velho Testamento "servem naquilo que é figura e sombra das coisas celestiais". Em outras palavras, o Tabernáculo e seu ministério, utensílios e sacerdócio eram todos cópias do verdadeiro tabernáculo que está no céu.

> Portanto, era necessário que as figuras das coisas que estão no céu fossem purificadas com tais sacrifícios, mas as próprias coisas celestiais, com sacrifícios melhores do que estes. Pois Cristo não entrou num santuário feito por mãos humanas, figura do verdadeiro, mas no próprio céu, para agora comparecer por nós perante a face de Deus. (Hebreus 9.23-24)

Os componentes da Aliança Mosaica eram uma reprodução do céu e do verdadeiro sacerdócio de Deus em Jesus. Os sacrifícios então oferecidos representavam o sacrifício de Jesus na cruz. Ao oferecer um sacrifício de sangue no altar de bronze, um israelita ganhava entrada ao Tabernáculo de Moisés. Mas o sangue de Jesus provê ao israelita espiritual a entrada no céu, o verdadeiro tabernáculo de Deus.

> Mas agora tanto ele alcançou ministério mais excelente, quanto é mediador de uma aliança melhor, firmada sobre melhores promessas. Pois se aquela primeira aliança não tivesse defeito, nunca se teria buscado lugar para a segunda. (Hebreus 8.6-7)

A nova aliança é fundada sobre o sangue de Jesus. É um ministério mais excelente, uma melhor aliança, a qual é estabelecida sobre melhores promessas. O autor de Hebreus continua relacionando essa nova aliança com a aliança profetizada por Jeremias, cujo texto encontramos em Jeremias 31. Embora já tenhamos examinado esse texto no Velho Testamento, vale a pena lê-lo novamente à luz do atual contexto.

> Porque ele diz, repreendendo-os: Dias virão, diz o Senhor, em que estabelecerei com a casa de Israel e com a casa de Judá uma nova aliança. **Não segundo a aliança que fiz com seus pais, no dia em que os tomei pela mão para tirá-los da terra do Egito**; pois **não permaneceram naquela minha aliança**, e **eu não atentei para eles**, diz o Senhor. Esta é a aliança que farei com a casa de Israel, depois daqueles dias, diz o Senhor. Porei as minhas leis na sua mente e as escreverei em seu coração. Eu lhes serei Deus, e eles me serão povo. (Hebreus 8.8-10 – grifos do autor)

Agora, olhe o versículo 13: "Ao dizer que esta aliança é nova, ele tornou antiquada a primeira. E o que se torna antiquado e envelhece, está perto de desaparecer." Está claro, a Aliança Mosaica ficou obsoleta e desapareceu. Todas as velhas ordenanças sob a lei de Israel são ultrapassadas e não se adequam ao estilo de vida cristão, a não ser para serem estudadas e interpretadas como "tipos e sombras" de Cristo.

Sendo assim, a pergunta que permanece é: por que querer participar em uma aliança inferior quando temos uma aliança melhor em Jesus? Por que querer voltar às ordenanças da velha aliança? Quão tolos seríamos em pensar que, ao simplesmente cumprir alguns poucos desses velhos rituais, isso teria qualquer impacto em nossa vida cristã. A velha aliança era um pacote completo. Se a pessoa falhasse em cumprir um ponto sequer da lei, ela quebraria toda a aliança. Para ter qualquer significado, teríamos que fazer mais que simplesmente observar uma festa, guardar um sábado ou acender uma vela. Não poderíamos escolher algumas ordenanças que quiséssemos observar. Guardar a velha aliança significaria cumprir o sistema todo dos sacrifícios de animais, circuncisão, pão e vinho em uma mesa simbólica, um candelabro queimando constantemente etc. Na velha aliança, seria tudo ou nada.

Graças a Deus que a velha aliança é obsoleta! Mantenha seus olhos em Jesus, o Mediador de uma "melhor aliança". Não precisamos imitar os velhos costumes judeus, os judeus é que precisam nos imitar seguindo a Jesus (1 Coríntios 11.1). A Igreja não necessita tentar reavivar as raízes judaicas do velho odre, mas sim orar para que os judeus vejam o poder sobrenatural do novo odre!

JESUS CUMPRIU A VELHA ALIANÇA

> Vindo, porém, a plenitude dos tempos, Deus enviou seu Filho, nascido de mulher, nascido debaixo da lei, para resgatar os que estavam debaixo da lei, a fim de que recebêssemos a adoção de filhos. (Gálatas 4.4-5)

Jesus veio como o Filho de Deus, nascido de uma mulher, sob a Lei de Moisés, para redimir aqueles que estavam debaixo da mesma lei. A palavra grega para redimir, neste texto, é *exagorazo*, e significa "pagar o resgate, recuperar de perda, melhorar a oportunidade e comprar – especialmente comprar um escravo visando libertá-lo". Aqueles que estavam sob a lei eram escravos da lei. Contudo, Jesus veio sob a lei, cumpriu a lei e pagou o preço para comprar aqueles que estavam sujeitos a ela. "Pois Cristo é o fim da lei para a justificação de todo aquele que crê!" (Romanos 10.4).

Jesus nos deu uma chave importante para entendermos a transição da velha para a nova aliança no Seu Sermão do Monte.

> Não penseis que vim abolir a Lei ou os Profetas; não vim abolir, mas cumprir. Pois em verdade vos digo: Antes que o céu e a terra passem, de modo nenhum passará uma só letra ou um só traço da Lei, até que tudo se cumpra. (Mateus 5.17-18)

Ainda que a aliança em si tenha sido quebrada, nada na lei podia ser superado sem antes ser cumprido. A raça humana esperava um homem que pudesse cumprir a lei da velha aliança, para que a nova aliança pudesse vir. Jesus, como Ele mesmo disse no Sermão do Monte, veio cumprir a lei. Uma vez cumprida, esta passou. Esse foi efetivamente o fim da religião judaica.

Cristo nos resgatou da maldição da lei, tornando-se maldição em nosso favor, pois está escrito: Maldito todo aquele que for pendurado em um madeiro. (Gálatas 3.13)

[...] **anulando** em seu corpo a **Lei** dos mandamentos expressa em ordenanças. O objetivo dele era criar em si mesmo, dos dois, um novo homem, fazendo a paz... (Efésios 2.15 – Nova Versão Internacional – grifos do autor)

Mas agora fomos libertos da lei, tendo morrido para aquilo a que estávamos presos, para servir na novidade do Espírito, e não na velhice da letra. (Romanos 7.6)

A Palavra de Deus é clara. Jesus cumpriu o justo requisito da lei. Então, depois de cumprir a aliança, Ele se tornou um sacrifício para nós na cruz do Calvário. Esse sacrifício perfeito nos libertou da Aliança Mosaica. Todas as suas ordenanças, regras e regulamentos são coisas do passado. Agora estamos sob uma nova aliança no sangue de Jesus.

CAPÍTULO 9
AS PARÁBOLAS DAS DUAS ALIANÇAS

> Então lhes contou uma parábola: Ninguém toma um pedaço de roupa nova para o costurar em roupa velha; se fizer isso, não somente rasgará a roupa nova, como também o pedaço da roupa nova não se ajustará à roupa velha. E ninguém põe vinho novo em recipiente de couro velho; porque o vinho novo romperá o recipiente de couro e se derramará, e o recipiente de couro se perderá; mas põe-se vinho novo em recipiente de couro novo. (Lucas 5.36-38)

O contexto dessas duas parábolas é a resposta de Jesus à pergunta: "Por que jejuam muitas vezes os discípulos de João e fazem orações, como também os dos fariseus, mas os teus comem e bebem?" (Lucas 5.33 – Almeida Revista e Corrigida). Esse questionamento traz a figura das duas alianças. João e os fariseus representam a velha aliança de Moisés. Jesus e Seus discípulos representam a nova aliança que Ele estava para implementar.

A primeira parábola fala de vestimentas. As vestimentas, nas Escrituras, falam de nossa cobertura, em particular, a cobertura de justiça diante de Deus (Apocalipse 19.8). As primeiras vestes citadas nas Escrituras foram as feitas de folhas de figueira por Adão e Eva, quando estes tentavam cobrir sua nudez. Este foi o primeiro ato religioso descrito na Bíblia, uma vez que Adão e Eva estavam tentando se aproximar de Deus por seus próprios métodos, cobrindo a si mesmos, ao invés de deixar Deus cobri-los em Sua justiça.

As duas vestimentas citadas nesta parábola são as vestes "velhas" e as "novas", ou a velha aliança e a nova aliança. Se um remendo de pano novo resistente, que nunca foi encolhido, for costurado em uma roupa velha, surrada, na primeira vez em que aquela veste for lavada, o pano novo vai encolher e rasgar a roupa velha. A vestimenta velha deve, então, ser jogada fora e uma vestimenta totalmente nova deve ser feita com o pano novo. O ponto principal dessa parábola é que não se pode costurar um pedaço da nova aliança na velha sem produzir um rasgo. O cristianismo tinha que tomar o lugar do judaísmo. Não era possível que pedaços da nova vestimenta do cristianismo fossem costurados nas vestes velhas do judaísmo. A nova aliança exigia uma vestimenta nova, uma forma completamente nova de se aproximar de Deus, em justiça, pelo sangue de Jesus.

A segunda parábola fala do vinho e dos odres (recipientes de couro para vinho). Os odres eram feitos de peles de animais, as quais eram flexíveis e fortes quando novas. À medida que as peles do odre envelheciam, elas se tornavam quebradiças e fracas. Os estágios iniciais do processo de fermentação do vinho novo faziam com que os odres esticassem, por isso, se as peles estivessem velhas e quebradiças, eles rompiam, derramando o vinho.

Como já vimos, o odre fala da estrutura para conter o vinho, que é o mover do Espírito de Deus sobre a terra, incluindo Seu refrigério, poder sobrenatural e glória. Tudo isso estava contido na estrutura da religião judaica. No Velho Testamento, Deus apontou a religião judaica, através da nação de Israel, para ser o Seu odre. Deus disse a Israel que Ele usaria a semente dos seus patriarcas para abençoar todas as nações da terra. Eles foram escolhidos para serem o canal da bênção de Deus para o mundo inteiro. Deus se moveu no meio da nação de Israel, mostrando Sua glória e poder. Ao longo do tempo, no entanto, Israel se tornou um odre quebradiço e seco, que não buscava mais o Deus de seus antepassados. Como grande parte da Igreja hoje, ao invés de buscar a Deus, eles só queriam permanecer nas velhas tradições religiosas.

Veja o versículo que mostra claramente que Israel era o povo escolhido por Deus:

> Agora, portanto, se ouvirdes atentamente a minha voz e guardardes a minha aliança, sereis minha propriedade exclusiva dentre todos os povos, porque toda a terra é minha; mas vós sereis para mim reino de sacerdotes e nação santa. Essas são as palavras que falarás aos israelitas. (Êxodo 19.5-6)

O Senhor disse a Israel: "**Se vocês** obedecerem a Minha voz e **guardarem a Minha aliança**, então vocês serão Minha propriedade exclusiva"(tradução livre). Deuteronômio 7.6 acrescenta a esse versículo: "**Deus escolheu vocês** [...] para serem Seu povo particular" (tradução livre). Israel era o povo escolhido por Deus, a fim de ser um reino de sacerdotes e uma nação santa. Mas, o requerimento era: "se vocês guardarem a Minha aliança". No entanto, Deus disse especificamente, em Jeremias 31.32-33, que Israel havia quebrado aquela aliança.

Jesus veio como Messias para trazer um avivamento da glória e do poder de Deus à terra. Porém, Israel havia se tornado tão seca e corrompida que eles contaminaram o vinho novo e puro da verdade Dele, representando mal a Sua aliança. Se o vinho novo da aliança, o novo mover de Deus, fosse derramado na estrutura da velha aliança, o odre teria explodido e derramado o vinho. O judaísmo não podia conter o vinho do novo mover de Deus através de Jesus, então, era necessário ter um odre completamente novo. Os odres velho e novo falam, respectivamente, do judaísmo e do cristianismo. O vinho novo da glória de Deus não seria derramado no sistema judaico, mas em um sistema totalmente novo, uma nova Igreja que Jesus estava construindo. Ele disse especificamente em Mateus 16.18-19: "[...] eu construirei a minha igreja [...] e darei a vocês as chaves do reino do céu". A Igreja agora seria o novo guardião da porta para se aproximar de Deus.

Veja o que o apóstolo Pedro escreveu à igreja depois que Jesus foi crucificado:

> Mas vós sois geração eleita, sacerdócio real, nação santa, povo de propriedade exclusiva de Deus, para que anuncieis as grandezas daquele que vos chamou das trevas para sua maravilhosa luz. (1 Pedro 2.9)

Agora, a Igreja do Novo Testamento recebe a mesma promessa que Israel recebera no Velho Testamento. A Igreja é uma geração **escolhida**, um sacerdócio real (reino de sacerdotes) e uma nação santa. O Israel espiritual, feito de judeus e gentios que creem, é o povo escolhido de Deus.

CAPÍTULO 10
A FIGUEIRA:
A RELIGIÃO JUDAICA

Por toda a Bíblia, encontramos diversas referências à figueira (Juízes 9.10-11; 1 Reis 4.25; Provérbios 27.18; Jeremias 8.13; Joel 1.7). A figueira é um símbolo da nação de Israel ou da religião judaica. Deuteronômio 8.7-8 elenca vários aspectos da terra de Canaã, a qual o Senhor estava dando aos filhos de Israel. Nessa passagem, vemos que Canaã era uma terra de figueiras. Oseias 9.10 também diz: "Achei Israel [...] como os primeiros frutos da figueira".

Vejamos agora o capítulo 24 do livro de Jeremias, no qual o profeta declara acerca das duas cestas de figos, que representam frutos bons e ruins da nação de Israel.

> O SENHOR mostrou-me dois cestos de figos, colocados diante do templo do SENHOR. Isso aconteceu depois que Nabucodonosor, rei da Babilônia, levou cativos de

Jerusalém para a Babilônia Joaquim, filho de Jeoaquim, rei de Judá, os príncipes de Judá, os carpinteiros e os artífices de Jerusalém. Um cesto tinha figos muito bons, como os figos maduros; mas o outro cesto tinha figos muito ruins, que não podiam ser comidos, de tão estragados que estavam. Então o SENHOR me perguntou: Que vês, Jeremias? E eu respondi: Figos; os figos bons, muito bons, e os ruins, muito ruins, que não podem ser comidos, de tão estragados que estão. (Jeremias 24.1-3)

Estas duas cestas de figos representam os frutos do povo de Israel. O Senhor prometeu que olharia para os frutos bons e se lembraria daqueles que permaneceram fiéis de coração. Ele disse que traria esses figos de volta para a terra prometida e, verdadeiramente, o fez. Depois que a nação de Israel foi levada para o cativeiro pelos babilônios, Deus trouxe um remanescente dos israelitas de volta para Jerusalém, alguns dos quais aceitaram o seu Messias e receberam a nova aliança. Ele prometeu: "Eu lhes darei coração para que saibam que eu sou o SENHOR. Eles serão o meu povo, e eu serei o seu Deus; pois se voltarão para mim de todo o coração". (Jeremias 24.7).

O Senhor também disse que deixaria para trás os figos ruins.

> Farei deles objeto de horror e ofensa para todos os reinos da terra. Em todos os lugares para onde os banir serão uma humilhação e um exemplo, objeto de ridículo e maldição.

Enviarei contra eles a espada, a fome e a peste, até que sejam eliminados de sobre a terra que dei a eles e a seus pais. (Jeremias 24.9-10)

Embora esta profecia tenha sido dita à nação de Israel durante o cativeiro babilônico, ela ilustra o princípio de como Deus lida com a raça humana desde o jardim do Éden. Deus sempre derramou Suas bênçãos sobre um remanescente fiel da raça humana. Depois da queda do homem no jardim, Deus encontrou em Abraão um remanescente fiel, o qual Ele abençoou a semente. A semente de Abraão formou a nação de Israel, que depois foi dividida em dois reinos, Israel e Judá. Israel foi levado cativo pela Assíria e sua semente foi espalhada entre as nações, enquanto Judá foi preservado como um remanescente. Posteriormente, Judá foi levado cativo pela Babilônia, mas um remanescente de seu povo pôde retornar a Jerusalém para receber o seu Messias. Daqueles judeus (da nação de Judá) que retornaram, um remanescente aceitou o Messias e estabeleceu uma nova aliança. **Deus sempre tem um remanescente fiel**.

O princípio dos figos bons e ruins pode ser aplicado novamente entre os judeus dos dias de Jesus. Os figos ruins eram os membros da nação judaica que rejeitaram o Messias e o Seu plano da salvação. Os figos bons representam o remanescente de Israel que aceitou Jesus e formou a Igreja – Israel espiritual.

Sendo assim, a figueira fala de religião, especificamente da religião judaica, que produziu figos ruins que rejeitaram o Messias e bons figos que formaram a Igreja. É interessante notar que essa relação também esteve presente no primeiro ato religioso da Bíblia. Adão e Eva costuraram folhas da figueira para vestir, na tentativa de se cobrirem diante de Deus – o que não deu muito certo! Era o homem sendo religioso, tentando fazer por si mesmo o que somente Deus poderia fazer por ele.

A PARÁBOLA DA FIGUEIRA

> E ele passou a contar esta parábola: Certo homem tinha uma figueira plantada na sua vinha; mas, quando foi procurar fruto nela, não achou. Disse então ao viticultor: Há três anos venho procurar fruto nessa figueira e não encontro; corta-a! Por que ela ainda ocupa a terra inutilmente? Ele lhe respondeu: Senhor, deixa-a ainda este ano, para que eu cave ao redor dela e a adube; e se no futuro der fruto, muito bem; mas, se não, tu a cortarás. (Lucas 13.6-9)

Nessa parábola de Lucas 13, Jesus estava falando da nação de Israel e da religião judaica simbolizada pela figueira. Ele estava ministrando ao povo de Israel, contudo, a nação e os líderes da religião judaica rejeitaram Seu ministério. Ele declarou que, se a figueira não produzisse fruto em mais um ano, esta seria cortada. O prazo de quatro anos descrito na parábola representam os seis meses do ministério de João Batista, adicionados aos três anos e meio do ministério do próprio Jesus.

João Batista foi um precursor, ao pregar a mensagem de arrependimento antes de Jesus começar Seu ministério. Em Mateus 3.7-8, quando os fariseus e saduceus, líderes da religião judaica, vieram para ser batizados, a resposta de João foi: "Raça de víboras, quem vos ensinou a fugir da ira futura? Produzi fruto próprio de arrependimento." Novamente Deus estava procurando bons frutos na figueira. Ele desejava encontrar fruto de arrependimento. Arrependimento, em grego, é literalmente "uma mudança de mente", a qual produz transformação. Somos transformados pela renovação de nossas mentes (Romanos 12.2).

João continua dizendo aos líderes judeus: "Não fiqueis dizendo a vós mesmos: Abraão é nosso pai! Eu vos digo que até dessas pedras Deus pode dar filhos a Abraão." (Mateus 3.9). Israel havia se tornado uma nação orgulhosa. Eles acreditavam que, como eram filhos de Abraão, podiam contar com a bênção de Deus automaticamente. Eles se viam como o povo escolhido por Deus. É verdade, Israel é o povo escolhido de Deus, mas lembre-se, é o "Israel de Deus" (Gálatas 6.16), daqueles que creram e se tornaram filhos, como diz a Bíblia, em Gálatas 3.7: "Sabei, então, que os da fé é que são filhos de Abraão".

Isso aconteceu para que a bênção de Abraão chegasse aos gentios em Jesus Cristo, a fim de que recebêssemos a promessa do Espírito pela fé. (Gálatas 3.14).

Por essa razão, a promessa procede da fé, para que seja segundo a graça, a fim de que a promessa seja confirmada a toda a descendência, não somente aos que são da lei, mas também aos que são da fé que Abraão teve. Ele é pai de todos nós (como está escrito: Eu te constituí pai de muitas nações)... (Romanos 4.16-17)

[...] Porque nem todos os que são de Israel são israelitas; nem por serem descendência de Abraão são todos seus filhos; mas: Por meio de Isaque a tua descendência será chamada. Isto é, não são os filhos naturais que são filhos de Deus; mas os filhos da promessa é que são contados como descendência. (Romanos 9.6-8)

João Batista trazia a mensagem de que era tempo de a figueira produzir bom fruto – fruto de arrependimento. Ser descendente de Abraão não era o requisito para entrar no Reino de céu. Agora, Jesus estava introduzindo uma nova aliança, e como diz João Batista, em Mateus 3.10: "E o machado já está posto à raiz das árvores; aquela que não produzir bom fruto será cortada e lançada no fogo". O machado estava sendo trazido à raiz da figueira da religião judaica, a qual falhou em produzir bons frutos de arrependimento na vinda do Messias.

De acordo com a parábola da figueira, quatro anos foram concedidos para que a religião judaica produzisse fruto. Como já vimos, esses quatro anos representavam os seis meses do ministério de João Batista, somados aos três anos e meio do ministério de Jesus. Então, em uma manhã, pouco depois de ter purificado o templo revirando as mesas dos cambistas, Jesus realizou um milagre profético.

> [...] e, avistando uma figueira à beira do caminho, aproximou-se dela e achou somente folhas; então lhe disse: Nunca mais nasça fruto de ti. E a figueira secou imediatamente. (Mateus 21.19)

Mais uma vez, Jesus estava procurando frutos na figueira, porém não achou nada além de folhas (religião). A nação judaica se cobriu com as folhas das tradições religiosas, rituais e costumes, mas não tinham qualquer fruto de arrependimento em seus corações. Naquele momento, Ele amaldiçoou a figueira e esta secou. O que Jesus disse é revelador em relação à religião judaica. Ele disse: "Nunca mais nasça fruto de ti." O judaísmo nunca mais produzirá fruto na terra. Nunca mais o sistema de sacrifícios de animais, purificações simbólicas e rituais será eficazmente implementado na terra. A velha aliança foi eliminada. A nova aliança no sangue de Jesus é a única entrada no Reino de Deus agora.

CAPÍTULO 11

A OLIVEIRA: O ISRAEL DE DEUS

A oliveira também é um símbolo importante de Israel que aparece diversas vezes na Bíblia. Podemos ver seu significado examinando algumas referências das Escrituras. O Salmo 128, por exemplo, é uma canção escrita a respeito daqueles que "temem ao Senhor" (versículo 1) e fala do remanescente fiel de Israel. O versículo 3 diz que os filhos deles são como oliveiras ao redor da mesa, e o salmo termina com "A paz esteja sobre Israel!". Além disso, em outro salmo, o rei Davi afirma que era como uma oliveira verde na casa de Deus (Salmos 52.8). Outra referência a esta árvore está em Oseias 14.6, que diz que a formosura de Israel será como a da oliveira.

A oliveira é a árvore que produz azeite. Exemplo disso é a descrição que encontramos em Zacarias 4 das duas oliveiras (ou dois ramos) que suprem o azeite para a lâmpada do candelabro. O azeite, na Bíblia, simboliza claramente a unção ou o Espírito Santo, portanto, a oliveira se refere a por onde a unção de Deus flui, isto é, pelo Israel espiritual. É interessante notar que a palavra original do hebraico para oliveira, no versículo 11 de Zacarias 4, também pode significar ramo de oliva. Outra tradução correta para esse versículo seria "dois ramos de oliva (na mesma árvore) que suprem azeite". Esses dois ramos representam judeus e gentios na mesma oliveira do Israel espiritual, derramando o azeite da unção de Deus e do avivamento na Terra. Tendo compreendido isso, nos versículos a seguir, veremos mais referências a esse Israel espiritual como oliveira:

> O SENHOR te chamou de oliveira verde, bela por seus deliciosos frutos; mas agora, ao som de um grande tumulto, ateou-lhe fogo, e quebraram-se os seus ramos. Porque o SENHOR dos Exércitos, que te plantou, pronunciou contra ti uma calamidade, por causa do grande mal que a casa de Israel e a casa de Judá fizeram, pois me provocaram à ira, queimando incenso a Baal. (Jeremias 11.16-17)

Jeremias profetizou sobre um tempo em que um fogo seria acendido sobre a oliveira verde de Israel e quebraria alguns de seus ramos. Este é o batismo de fogo referido por João Batista em Lucas 3.16-17. É também sobre isso que o apóstolo Paulo estava falando no livro de Romanos, capítulo 11. O versículo 1 começa o com a pergunta: "Por acaso, Deus rejeitou o seu povo?". E a resposta está no versículo 5: "[...] no tempo presente restou um remanescente segundo a eleição da graça.". O versículo 7 continua: "E então? O que Israel está buscando, isso não alcançou; mas os eleitos o alcançaram; e os demais foram endurecidos...". Com base nesses versículos, é possível fazer um paralelo entre os figos da figueira e os ramos da oliveira: os figos ou ramos bons alcançaram a salvação em Jesus, enquanto os figos ou ramos ruins foram endurecidos. No entanto, a diferença entre a figueira e a oliveira é que a figueira secou, enquanto a oliveira apenas teve alguns ramos quebrados e substituídos. A figueira (religião judaica) foi eliminada, mas a oliveira (Israel espiritual) vive.

Ainda no capítulo 11 de Romanos, o versículo 16 diz: "[...] se a raiz é santa, os ramos também são.". A partir desse versículo, muitos tentam nos dizer que o judaísmo é a raiz do cristianismo, afirmando: "Precisamos retornar às nossas raízes judaicas!". Quanto a isso, é claro que entendemos que a religião judaica, originalmente estabelecida por Deus através de Moisés, nos deu a fundação para o cristianismo. Também entendemos que Jesus foi e ainda é um judeu, Ele é o Leão de Judá. Entretanto, a raiz da oliveira é a fé e não a religião judaica. A Lei (religião judaica) foi apenas um guia para nos trazer a Cristo. Gálatas 3.24-25 claramente declara que "[...]a lei se tornou nosso guia para nos conduzir a Cristo, a fim de que pela fé fôssemos justificados. Mas, tendo chegado a fé, já não estamos sujeitos a esse guia.". Assim também está escrito em Romanos 4.13: "Porque não foi pela lei que Abraão, ou sua descendência, recebeu a promessa de que ele havia de ser herdeiro do mundo; ao contrário, foi pela justiça da fé".

Mais alguns exemplos de referências à fé podem ser encontrados no livro de Hebreus. O capítulo 11 diz "Pela fé, Abraão..." (11.8); "Pela fé, Isaque..." (11.20); "Pela fé, Jacó..." (11.21). Os patriarcas de ambos, Israel e a Igreja, foram Abraão, Isaque e Jacó, e *a base da herança deles foi a fé*. Abraão, Isaque e Jacó não pertenciam ao judaísmo, pois judeus eram os membros da nação de Judá, que foi formada pela divisão de Israel. Judá e Israel não tinham nem mesmo nascido quando Abraão recebeu a promessa pela fé. Os judeus foram os mordomos da Lei, mas Abraão, Isaque e Jacó, nossos pais, viveram antes da Lei ter sido estabelecida. Ademais, os patriarcas eram hebreus, e não judeus. Sendo assim, pensar que precisamos voltar às "raízes judaicas" é um erro. O judaísmo foi a Aliança de Moisés, entregue à nação de Israel depois da morte de nossos pais Abraão, Isaque e Jacó. De acordo com Hebreus 8.13, o judaísmo, a velha aliança, tornou-se obsoleto e desapareceu. As raízes do Israel espiritual não se encontram na religião judaica, mas na fé dos patriarcas que receberam a promessa.

Voltando a Romanos 11.16, é a raiz (da fé, não do judaísmo) que santifica os ramos. Como profetizou Jeremias, um fogo foi ateado na oliveira e quebrou alguns dos ramos – não todos. Esse fogo foi a cruz de Jesus Cristo. Alguns judeus permaneceram na oliveira, enquanto outros foram quebrados pela falta de fé. Na sequência, o versículo 17 fala do enxerto de novos ramos após outros terem sido quebrados. Estes eram os gentios que vieram para a oliveira do Israel espiritual. A "parede de separação" foi quebrada para sempre. A lei, com todos os seus mandamentos e ordenanças, foi abolida (Gálatas 2.14-15). O resultado disso é que a nova base para ser membro da oliveira do Israel espiritual é a fé em Jesus Cristo. O versículo 23 de Romanos 11 claramente declara que, se os judeus "[...] não permanecerem na incredulidade, serão enxertados; porque Deus é poderoso para enxertá-los novamente.". Então, enquanto a figueira da religião judaica secou, para nunca mais produzir fruto na Terra, a oliveira do Israel espiritual vive, formada por ramos de todas as nações, tanto judeus quanto gentios, todos segundo sua fé em Jesus.

ISRAEL ESPIRITUAL HOJE

> E farei de ti uma grande nação, te abençoarei e engrandecerei o teu nome; e tu serás uma bênção. Abençoarei os que te abençoarem e amaldiçoarei quem te amaldiçoar; e todas as famílias da Terra serão abençoadas por meio de ti. (Gênesis 12.2-3)

Já vimos, na primeira parte deste livro, que Abraão foi abençoado por Deus, mas o propósito dessa bênção era que todas as famílias da Terra pudessem ser contempladas por ela. Seu neto, Israel, seria o pai de um povo chamado para servir como sacerdote neste mundo, e por fim, sua linhagem traria Jesus – o Messias que estenderia salvação a todas as nações.

> Agora, portanto, se ouvirdes atentamente a minha voz e guardardes a minha aliança, sereis minha propriedade exclusiva dentre todos os povos, porque toda a Terra é minha; mas vós sereis para mim reino de sacerdotes e nação santa... (Êxodo 19.5-6)

Israel foi uma nação escolhida por Deus para ser um reino de sacerdotes. A função do sacerdote é mediar ou conectar Deus com o homem. Este reino foi abençoado pelo Senhor para "ser uma bênção". O plano de Deus era preservar e proteger Israel, para que Ele pudesse plantar uma semente do Espírito Santo em sua linhagem e trazer o Messias à Terra. O Messias, então, seria um canal de bênção e salvação para todas as nações, tornando-se o sumo sacerdote que conectaria definitivamente o homem a Deus. A vinda de Jesus iniciaria uma transição da bênção de uma nação para todas as nações.

Israel era o mordomo/administrador do mover de Deus, bem como de Sua presença, por meio da Arca da

Aliança, dentro do Santo dos Santos. As tribos de Israel eram protegidas sob uma aliança especial no Velho Testamento. Entretanto, o profeta Jeremias anunciou claramente, em Jeremias 31.32, que Israel quebrou aquela aliança. Além disso, Hebreus 8.9 declara que os israelenses "[...] não permaneceram naquela minha aliança, e Eu não atentei para eles, diz o Senhor.". Como consequência da quebra dessa aliança, as dez tribos do reino de Israel foram levadas para o cativeiro pelos assírios, e muitos foram espalhados pelas nações da Terra, embora um remanescente tenha escapado para a nação de Judá.

Posteriormente, uma parte da nação de Judá também foi levada para o cativeiro pelos babilônios. Contudo, um remanescente foi permitido retornar a Jerusalém para representar Israel nos dias do ministério de Jesus, que veio para fazer uma nova aliança.

> Enquanto comiam, Jesus tomou o pão e, abençoando-o, partiu-o e o deu aos discípulos, dizendo: Tomai e comei; isto é o meu corpo. E, tomando um cálice, rendeu graças e o deu a eles, dizendo: Bebei dele todos; pois isto é o meu sangue, o sangue da aliança derramado em favor de muitos para perdão dos pecados. (Mateus 26.26-29)

O sangue referido no versículo era o vinho novo da nova aliança, representando o novo mover de Deus, e a base para a fundação de Sua Igreja. Em Mateus

16.18-19, Ele disse: "[...] edificarei a minha igreja [...] e te darei as chaves do Reino do céu...".

Jesus, então, ofereceu o sangue (ou vinho) da nova aliança. A Igreja que Ele edificou agora tem as chaves do Reino do Céu, para trazê-lo para a Terra, anunciando a nova aliança. Como já vimos, a mesma tarefa dada a Israel, em Êxodo 19.6, agora é dada à Igreja:

> Mas vós sois geração eleita, sacerdócio real, nação santa, povo de propriedade exclusiva de Deus, para que anuncieis as grandezas daquele que vos chamou das trevas para sua maravilhosa luz. (1 Pedro 2.9)

Tendo visto isso, é importante compreender que não se trata de "teologia da substituição". Essa transferência de funções não significa que a Igreja substituiu Israel. Se entendermos corretamente, a Igreja primitiva, na realidade, ERA Israel. O primeiro culto eclesiástico aconteceu no dia de Pentecostes e os únicos presentes eram israelitas. Estes eram o remanescente fiel de Israel que aceitaram o Messias. Mas não é só isso. Naquele dia, de acordo com Atos 2.41, três mil almas foram somadas à Igreja em Jerusalém. Atos 2.47 diz, ainda, que o Senhor acrescentava diariamente aqueles que criam. Em Atos 4.4, o número de crentes chegou a quase cinco mil.

Há uma variedade de estimativas feitas por historiadores sobre o número de residentes em Jerusalém no tempo da crucificação. Diferentes pesquisas afirmam que este número vai de cerca de 20 mil até 125 mil. A verdade é que ninguém realmente sabe, mas a maioria dos registros estimam cerca de algo entre 40 mil e 50 mil residentes, embora, durante as festas e eventos religiosos, muitos mais se aglomerassem na cidade para assistir a essas celebrações. Se, de fato, havia por volta de 50 mil residentes em Jerusalém nos dias da ascensão de Jesus, isso indica que cerca de 10% da população da cidade judaica já era cristã no tempo de Atos 4.4.

Seria impressionante pensar em 10% da população de Jerusalém como cristãos, mas isso era só o começo. Logo depois, em Atos 5.14, o Senhor adicionava crentes de forma crescente, ambos homens e mulheres. Em Atos 6.1, a quantidade de discípulos continuava a aumentar, até que, no versículo 7, esse número começa a se "multiplicar muito". Multiplicação indica um crescimento muito mais rápido do que mera adição. Em sequência, esse mesmo versículo também diz que um GRANDE número de sacerdotes era adicionado à fé. Aqui, até mesmo os líderes judeus estavam começando a levar as pessoas para o vinho novo da nova aliança. Entretanto, até esse momento, o Evangelho não tinha sido apresentado aos gentios, e a Igreja era composta apenas de judeus. A partir de Atos 8.4, depois da morte de Estêvão, os crentes foram espalhados por toda parte e pregavam a Palavra. Multidões foram até Samaria pregar, onde moravam muitos dos descendentes das outras dez tribos de Israel, que não faziam parte da nação judaica.

Portanto, estou tentando dizer que Israel se tornou a Igreja. Com certeza, não todos, mas um considerável remanescente fiel aceitou Jesus como Messias e Senhor. Desse modo, Igreja não era uma nova entidade. No início, era formada somente pelos ramos crentes da oliveira de Israel, exclusivamente judeus. Eis onde surge a separação:

> Sabei, então, que os da fé é que são filhos de Abraão. [...] Pois todos os que são das obras da lei estão debaixo de maldição. (Gálatas 3.7-10)

A figueira da religião judaica, a velha aliança, foi amaldiçoada para nunca mais dar fruto na Terra, enquanto a oliveira do Israel espiritual continuou crescendo a partir do remanescente fiel. Em outras palavras, apenas os que possuíam fé em Jesus continuaram na oliveira, os outros ramos descrentes foram quebrados.

Então, algo extraordinário aconteceu. No capítulo 10 de Atos, Deus enviou Pedro à casa de Cornélio, um gentio devoto. Pedro orou por ele e ele recebeu o Espírito Santo. Depois disso, houve uma tremenda colheita entre os gentios também, propagada pelo ministério do apóstolo Paulo. Até aquele momento, a igreja era principalmente formada por judeus, e, certamente, uma boa porcentagem dos residentes em Israel era parte dela. Entretanto, a partir desses acontecimentos, a promessa de Deus a Abraão se cumpriu e todas as nações começaram a ser alcançadas pelo Espírito, por meio da fé.

> Isso aconteceu para que a bênção de Abraão chegasse aos gentios em Jesus Cristo, a fim de que recebêssemos a promessa do Espírito pela fé. (Gálatas 3.14)

Neste ponto, a bênção de Israel passou de meramente nacional para se tornar global, de uma nação para todas as nações. Deus limpou Sua oliveira, o povo abençoado de Israel, quebrando os ramos que não aceitaram Jesus. Então, Ele começou a enxertar os ramos de crentes de todas as nações do mundo. A partir daí os judeus crentes começaram a abandonar sua identidade no judaísmo e abraçar sua posição como seguidores do Messias, junto aos gentios, ao redor do mundo.

Gálatas 2.14 diz que Pedro, um judeu e um dos discípulos de Jesus, vivia "como os gentios e não como os judeus". Portanto, houve uma transição na Igreja, que antes consistia de israelitas somente, para um novo conglomerado de crentes de múltiplas nações ao redor do mundo. Essa transição e as controvérsias que a acompanharam levaram a um concílio dos apóstolos, em Jerusalém, para tratar da dissenção que surgiu devido à mistura de culturas na Igreja em expansão (Atos 15). Como já vimos em capítulos anteriores, esse concílio anunciou que não era mais necessário observar as ordenanças judaicas. Crentes israelitas e gentios assumiram uma nova identidade como a Igreja de Jesus Cristo. Esse princípio pode ser resumido nestes versículos de Efésios:

> [...] para **em si mesmo criar dos dois um novo homem**, fazendo assim a paz, e pela cruz reconciliar ambos com Deus em um só corpo, tendo por ela destruído a inimizade. (Efésios 2.15b-16 – grifo do autor)

Em suma, vemos que, inicialmente, um número significativo de israelitas começou a seguir Jesus e formar a Igreja. Ou seja, não houve substituição e sim transformação. Era a mesma oliveira da velha aliança (odre velho) do judaísmo, estendida para a nova aliança (odre novo) do cristianismo. Então, quando Israel começou a receber membros de todas as nações da Terra, os quais foram enxertados na oliveira pela fé, não havia mais separação, mas judeus e gentios estavam unificados, tornando-se um só povo pelo sangue de Jesus. Todos os que têm fé, de qualquer nação, podem participar da bênção de Abraão.

Apesar das especulações de estudos da Bíblia sobre os tipos e sombras do Velho Testamento, devemos lembrar: os preceitos da Lei são apenas tipos e sombras. A realidade está em Cristo Jesus, por isso, não temos nenhuma necessidade de voltar aos velhos costumes judaicos. Mesmo amando os judeus, não precisamos tentar copiá-los, pensando que, ao abraçar a tradição judaica, vamos atrair a bênção de Israel. Portanto, vamos empregar nosso tempo e energia de forma melhor, em aprender mais de Jesus e Seu Evangelho, e transmiti-lo ao mundo através da demonstração do poder de Deus.

Logo, tentar alcançar os judeus abraçando seus costumes não é uma estratégia eficiente, uma vez que qualquer ação evangelística que muda ou dilui a Verdade é ineficaz. Da mesma forma, abordagens para atrair o mundo a Jesus Cristo utilizando ferramentas mundanas são ineficientes. Um exemplo disso é tentar encher o grupo de jovens de nossas igrejas com festivais de pizza e jogos. Isso pode funcionar por um tempo, mas quão forte será a fundação do Evangelho na vida desses membros ao saírem do conforto de nossas igrejas e serem enviados pelo mundo? Então, se realmente amamos nosso próximo, gentio ou judeu, precisamos evangelizá-lo mostrando o *poder de Deus*, o vinho novo do Seu Espírito. As pessoas precisam ver Jesus, a única porta para a salvação!

> Porque não me envergonho do evangelho, pois é o poder de Deus para a salvação de todo aquele que crê; primeiro do judeu e também do grego. (Romanos 1.16)

Em síntese, Jesus ama o judeu, mas também ama o hindu, o mulçumano, o budista... O que diz no principal versículo bíblico a respeito da salvação é: "Pois Deus amou tanto o **mundo**..." (João 3.16 – grifo do autor). Ou seja, não há um Evangelho para o judeu e outro para o gentio. Todos entram na oliveira do Reino do Céu – Israel espiritual – pela fé em Jesus Cristo.

CAPÍTULO 12

E QUANTO AO ISRAEL NATURAL?

A essa altura, nós já entendemos a situação das duas árvores simbólicas. Enquanto a oliveira de Israel espiritual vive e continua a florescer como Igreja, a figueira da religião judaica foi amaldiçoada por Jesus e nunca mais produziu fruto significante na Terra. Segundo estatísticas, a religião judaica, hoje, representa apenas aproximadamente 0,2% da população mundial. Mesmo assim, grande parte dos que se chamam judeus não adere às doutrinas da religião. Para muitos deles, o judaísmo é mais uma identidade étnica do que religiosa.

Com a invasão e destruição do templo judaico pelo príncipe Tito de Roma, no ano 70 d.C., acabaram-se os serviços religiosos dos sacerdotes e seus sacrifícios. De acordo com alguns relatos, houve uma tentativa de restabelecer o sistema sacrificial durante o período da guerra dos judeus, em 132-135 d.C., mas esta foi logo abandonada, pois não havia um templo onde os sacrifícios poderiam ser realizados. Desde então, não houve nenhum restabelecimento do sistema sacrificial judeu.

Além disso, depois da morte de Jesus na cruz, qualquer sacrifício animal subsequente é uma abominação aos olhos do Senhor. O próprio Deus veio à Terra na forma de um homem para redimir a espécie humana. Como homem, Deus sofreu e morreu, derramando seu sangue para remover, de uma vez por todas, o pecado da humanidade. Rejeitar este sacrifício e continuar oferecendo sacrifícios de animais é uma das maiores formas de rebelião contra Deus.

> [...] e não por meio do sangue de bodes e novilhos, mas por seu próprio sangue, entrou de uma vez por todas no lugar santíssimo e obteve eterna redenção. Porque, se quanto à purificação da carne o espalhar do sangue de bodes e touros e das cinzas de uma novilha santifica os que estão impuros, quanto mais o sangue de Cristo, que, imaculado, por meio do Espírito eterno ofereceu a si mesmo a Deus, purificará das obras mortas a vossa consciência, para servirdes o Deus vivo! Por isso, ele é mediador de uma nova aliança para que, tendo sofrido a morte para a redenção das transgressões cometidas sob a primeira aliança, os chamados recebam a promessa da herança eterna. (Hebreus 9.12-15)

Depois que o sacrifício perfeito foi oferecido, qualquer holocausto de animais seria um insulto a Deus e um ato de rejeição ao próprio Jesus, que derramou

Seu sangue, pagando um alto preço pela salvação e redenção da humanidade. Daniel 9.27 declara que o Messias "fará cessar o sacrifício e a oferta". A destruição de Jerusalém e do templo em 70 d.C. foi o julgamento de Deus a esta abominação – os sacrifícios rebeldes que continuaram a acontecer no templo, em rejeição à obra do Messias. É bem provável que esta ainda seja a razão pela qual os judeus, apesar de já terem tomado posse de grande parte da cidade de Jerusalém até o momento da criação deste livro, ainda não puderam assumir o controle sobre o velho Monte do Templo. Parece óbvio que Deus não permitiu que isso acontecesse, porque o restabelecimento do templo judaico, com seus rituais e sistema sacrificial, seria uma afronta à obra que Jesus realizou na cruz. Ainda que, em algum momento, os israelitas retomassem o templo, eu acho difícil acreditar que Deus permitiria que eles implementassem o sistema sacrificial de novo.

Existe um grande mal-entendido, por parte de alguns leitores da Bíblia, quanto à reconstrução do "templo" nas profecias bíblicas. Muitos acreditam que esse novo templo será construído somente no final dos tempos, mas os próprios líderes judeus testificaram que se tratava da Igreja de Jesus, em Marcos 14.58: "Nós o ouvimos dizer: Eu destruirei este santuário, construído por mãos humanas, e em três dias edificarei outro, não feito por mãos humanas". Na realidade, Israel já tem um templo hoje, que Jesus "fez sem mãos".

Ou não sabeis que o vosso corpo é o templo do Espírito Santo, que habita em vós, proveniente de Deus, e que não sois de vós mesmos? (1 Coríntios 6.19 – Almeida Corrigida Fiel)

[...] vós também, como pedras vivas, sois edificados como casa espiritual para serdes sacerdócio santo, a fim de oferecer sacrifícios espirituais aceitáveis a Deus, por meio de Jesus Cristo. (1 Pedro 2.5)

O ponto principal do que estamos dizendo é este: Temos um sumo sacerdote que se assentou à direita do trono da Majestade no céu, ministro do santuário e do verdadeiro tabernáculo que o Senhor ergueu, não o homem. (Hebreus 8.1-2)

E ouvi uma forte voz, que vinha do trono e dizia: O tabernáculo de Deus está entre os homens, pois habitará com eles. Eles serão o seu povo, e Deus mesmo estará com eles. (Apocalipse 21.3)

Segundo esses versículos, Deus e Israel espiritual habitam juntos em um templo eterno. É um tabernáculo feito de pedras vivas, ao invés de tijolos e cimento sobre alguma montanha em Jerusalém. É um templo feito pelo próprio Deus, sem as mãos do homem. A habitação eterna para Jesus e a oliveira de Israel estarem em descanso e paz.

Certamente podemos ver como os ramos incrédulos de Israel, os quais foram quebrados da oliveira, têm sofrido sob a maldição da figueira judaica. Diversas perseguições ocorreram durante dois milênios, culminando no Holocausto no qual milhões perderam suas vidas. Mas, ao mesmo tempo em que Paulo falou sobre esses ramos incrédulos serem cortados, ele também disse que eles poderiam ser enxertados de volta.

> E mesmo eles, se não permanecerem na incredulidade, serão enxertados; porque Deus é poderoso para enxertá-los novamente. (Romanos 11.23)

Esse deveria ser um dos focos do movimento de oração da Igreja hoje: que o povo judeu não permaneça na incredulidade. A forma de os judeus serem enxertados de volta na oliveira de Israel espiritual é aceitando Jesus como seu Messias. De forma consoante com isso, os movimentos messiânicos estão crescendo ao redor do mundo, judeus estão aceitando Jesus pela fé. Muitos até falam que tiveram sonhos e visões de Jesus. Existe um mover sobrenatural de Deus se revelando a Israel, onde Ele ainda não foi conhecido. Portanto, é importante lembrar o que Jesus disse:

> Jesus lhe respondeu: Eu sou o caminho, a verdade e a vida; ninguém chega ao Pai, a não ser por mim. (João 14.6)

Jesus é o único caminho para Deus. Não existe um plano de salvação para os judeus e outro para os gentios. Todos vêm a Ele através da mesma porta, que é Jesus (João 10.9). A oliveira de Israel espiritual cresce à medida que mais e mais dos descendentes israelitas são enxertados de volta pela fé em Jesus Cristo. Isso é parte do vinho novo do mover de Deus que está agora varrendo as nações. Deus não está esperando que cristãos abracem suas raízes judaicas, mas sim que os judeus abracem seu Messias do cristianismo.

> Porque Deus amou tanto **o mundo**, que deu o seu Filho unigênito, para que **todo aquele** que nele crê não pereça, mas tenha a vida eterna. (João 3.16 – grifo do autor)

Deus ama o mundo todo. Todo aquele que crer, judeu ou gentio, homem ou mulher, jovem ou velho... Todos recebem a oferta de um lugar na oliveira da vida eterna.

> Ele é a propiciação pelos nossos pecados, e não somente pelos nossos, **mas também pelos pecados de todo mundo**. (1 João 2.2 – grifo do autor)

> O Senhor não retarda a sua promessa, ainda que alguns a considerem demorada. Mas ele é paciente convosco e **não quer que ninguém pereça, mas que todos venham a se arrepender**. (2 Pedro 3.9 – grifo do autor)

Isso é bom e agradável diante de Deus, nosso Salvador, **que deseja que todos os homens sejam salvos** e cheguem ao pleno conhecimento da verdade. (1 Timóteo 2.3-4 – grifo do autor)

A nova aliança foi selada por meio do sangue de Jesus, o vinho novo do Espírito derramado no odre novo do cristianismo. A comunhão com Deus não é mais exclusiva de uma nação, porém, o novo "Israel de Deus" (Gálatas 6.16) é formado de crentes de todas as nações. Deus deseja que todos os homens sejam salvos e é responsabilidade da Igreja abraçar e amar todas as pessoas.

Embora amemos Israel e oremos pela salvação deles, precisamos ter cuidado para não apoiar cegamente todo passo que dão. Muitos, na Igreja de hoje, concordam com todas as suas decisões, porque Israel é "o povo escolhido de Deus". Entretanto, isso não quer dizer que todas as ações que realizam são corretas. Às vezes, a Igreja cai em um exagero "anti-árabe", colocando-se sempre a favor de Israel. Deus certamente tem um plano para essa nação, mas Ele também ama os árabes, os muçulmanos e os palestinos.

No entanto, evidente que algo sobrenatural, vindo diretamente da mão de Deus, está acontecendo na nação de Israel. Há poucas décadas atrás, o povo judeu foi tão duramente perseguido, através de guerra e do Holocausto, que acreditava-se que eles seriam erradicados da Terra. Mas Deus claramente os protegeu e, mais uma vez, lhes deu um lugar de honra entre as nações. Por isso, podemos estar certos de que o Senhor vai cumprir cada promessa que fez a Israel, como está escrito em Ezequiel 36:

> Pois vos tirarei dentre as nações e vos reunirei de todos os países, e vos trarei para a vossa Terra. Então aspergirei água pura sobre vós, e ficareis purificados; eu vos purificarei de todas as vossas impurezas e de todos os vossos ídolos. Também vos darei um coração novo e porei um espírito novo dentro de vós; tirarei de vós o coração de pedra e vos darei um coração de carne. (Ezequiel 36.24-26)

Esta restauração está acontecendo, agora mesmo, na nossa geração. Deus está trazendo um remanescente de Israel dentre as nações e o estabelecendo, mais uma vez, na terra que eles ocuparam há mais de dois mil anos. Logo, Ele vai "aspergir água pura" sobre eles e ficarão limpos. Isso fala da "lavagem de água pela Palavra", como visto em Efésios 5.26. Além disso, Jesus os purificará e lhes dará um novo coração de carne, em lugar do coração de pedra. Este é o derramamento do vinho novo da nova aliança, como visto em Jeremias.

> Mas esta é a aliança que farei com a casa de Israel depois daqueles dias, diz o SENHOR: Porei a minha lei na sua mente e a escreverei no seu coração. Eu serei o seu Deus, e eles serão o meu povo. (Jeremias 31.33)

Há inúmeros versículos no Velho Testamento que falam de uma restauração de Israel e da volta a sua terra. No entanto, para uma plena compreensão dessas escrituras, cada profecia deve ser examinada no seu contexto, com objetivo de entendermos suas implicações. Algumas delas falam das dez tribos de Israel, que foram espalhadas entre as nações. Outras falam dos judeus (a tribo de Judá). E outras falam, ainda, de uma restauração profética que ocorreu na história de Israel algum tempo atrás, e, portanto, já se cumpriram. Para "dividirmos a palavra da verdade corretamente", não podemos simplesmente citar escrituras e dizer que todas elas se aplicam a hoje.

Como temos visto, o próprio Deus está preservando o Seu povo, que Satanás tentou destruir várias vezes ao longo da História. Oramos para que a obra do Senhor continue e Seu plano se cumpra totalmente. Entretanto, a Igreja não pode focar todas as suas energias, orações e atenção em uma nação apenas. Somos chamados para ser um canal de bênçãos para todas as nações. Enquanto regozijamos por Deus estar cuidando do povo judeu, nossos corações lamentam as injustiças das guerras e dos conflitos que estão acontecendo em todos os lugares, inclusive em Israel.

Na condição caída da raça humana, quase todo conflito traz morte e injustiça. Enquanto judeus e árabes se destroem na guerra da Palestina, não percebem que **a perda de cada vida é trágica**. Se realmente crermos no que Jesus disse, "NINGUÉM VEM AO PAI A NÃO SER POR MIM", então, veremos que ambos estão seguindo uma falsa esperança religiosa e precisam da verdadeira salvação, que vem somente através de Jesus. Apenas com o estabelecimento do Seu Reino, pode haver paz, justiça e alegria na Terra (Romanos 14.17).

Logo, podemos lamentar pelos milhares de judeus e árabes que morreram em conflitos violentos só durante o século passado. Podemos prantear pela injustiça dos milhões que perderam fazendas e casas onde suas famílias viveram por centenas de anos, só porque foram exilados e agora vivem debaixo de opressão como refugiados. Mas reconhecemos que só os esforços humanos nunca verdadeiramente resolverão o problema. Só o Rei Jesus pode trazer paz e justiça a este mundo.

Em Salmos 122.6, a Bíblia nos instrui a "orar pela paz de Jerusalém". Se clamarmos sinceramente pela paz na Cidade Santa, estaremos orando tanto por judeus como por palestinos, já que ambos vivem ali, e não pode haver verdadeira paz a não ser que pertença aos dois lados. Ou seja, está claro que não existe solução terrena ou humana para o conflito, mas sim a instalação da paz e da prosperidade por meio do Reino de Deus. O desejo do Senhor é que ambos, judeus e árabes, recebam Jesus e vivam na Sua paz.

Sem dúvidas, o plano de Deus para a Igreja cristã é amar não somente os judeus, mas também os árabes.

Existem muitas congregações cristãs que exibem uma bandeira de Israel no seu púlpito. Contudo, se somos chamados a alcançar todas as nações com o Evangelho, será que não deveríamos exibir uma bandeira palestina também? E que tal bandeiras de outras nações do mundo? O odre novo do mover de Deus na Terra é uma mensagem para todas as nações!

> Seu plano era unir os dois lados da humanidade em Si mesmo para então formar um novo homem, assim efetuando paz e reconciliar judeus e gentios com Deus em um corpo através da Sua cruz, acabando assim com a mútua inimizade entre eles. (Efésios 2.15b-16 - Novo Testamento Weymouth)

PARTE III

O VINHO NOVO DO AVIVAMENTO NA IGREJA

CAPÍTULO 13
VINHO NOS ÚLTIMOS DIAS

Mestre, qual é o maior mandamento na Lei? Jesus lhe respondeu: Amarás o Senhor teu Deus de todo o coração, de toda a alma e de todo o entendimento. Este é o maior e o primeiro mandamento. E o segundo, semelhante a este, é: Amarás o teu próximo como a ti mesmo. Toda a Lei e os Profetas dependem desses dois mandamentos. (Mateus 22.36-40)

Quando os fariseus, os guardiões da Lei de Moisés, questionaram Jesus sobre o maior mandamento, Ele disse que a Lei e os Profetas (a velha aliança) agora se resumiam em dois preceitos: *amar a Deus e amar aos outros*. Em outras palavras, se eles continuamente andassem em amor, poderiam renovar suas mentes para começar a fazer naturalmente a transição o antigo sistema para a nova aliança. E o fato é que esta aliança revela, de forma mais clara, para nós a natureza de Deus. Por isso, a Bíblia declara, em 1 João 4, versículos 8 e 16, que Deus é amor. Logo, é quando andamos em amor que estamos vivendo em Deus, quando amamos a Ele e aos outros. É apenas dessa forma que a lei da nova aliança pode estar em nós. E é com esta declaração a respeito dos mandamentos mais importantes que Jesus confirma a profecia de Jeremias que diz:

> Mas esta é a aliança que farei com a casa de Israel depois daqueles dias, diz o SENHOR: Porei a minha lei na sua mente e a escreverei no seu coração. Eu serei o seu Deus, e eles serão o meu povo. (Jeremias 31.33)

A nova lei não é baseada nos rituais e ordenanças do Antigo Testamento, mas em mandamentos que partem da natureza de Deus para os nossos corações, de forma que o seu cumprimento não seja apenas externo, mas faça parte de quem nós somos. Assim como vimos na segunda parte deste livro, o vinho do mover do Espírito de Deus foi transferido da religião judaica para o cristianismo – da velha aliança para a nova aliança, e o que aconteceu em nós é que foi criado um odre novo, feito de amor e relacionamento. No lugar de livros cheios de leis e regras, a nova aliança é baseada, primeiro, em amar Jesus, e, então, amar as pessoas ao nosso redor – amor vertical, seguido de amor horizontal. É uma lei do coração, formada de intimidade e profundidade em Deus. Os mandamentos não estão mais escritos em tábuas de pedra, mas nos corações dos homens e mulheres do Senhor, e é assim que nos tornamos participantes do vinho novo.

O vinho novo nada mais é que o novo mover de Deus, que impulsiona a mensagem da salvação de Jesus a todas as nações. Sabemos que alguns daqueles israelitas rejeitaram esse vinho de Jesus, dizendo que "o vinho velho é melhor". Muitos pertencentes ao odre velho zombaram do que Deus estava realizando. Da mesma forma, hoje, quando Deus derrama algo novo na terra, há quem despreze e escarneça. Aqueles que se percebem seguros na posição em que estavam no último mover de Deus geralmente sentem-se ameaçados quando O veem fazendo algo novo. E devido a essa insegurança, estes geralmente começam a perseguir o derramar do Espírito Santo, talvez involuntariamente, lutando contra o próprio Senhor. Mas independentemente da reação dessas pessoas ao mover do Espírito, fato é que elas o identificam e são até afetadas por ele.

> Mas outros, zombando, diziam: Eles estão embriagados com vinho! Então, pondo-se em pé com os onze, Pedro tomou a palavra e disse-lhes: Homens judeus e todos os que habitais em Jerusalém, que isto fique claro para vós; escutai as minhas palavras: Estes homens não estão embriagados, como pensais, visto que é apenas a terceira hora do dia. Mas isto é o que havia sido falado pelo profeta Joel: E acontecerá nos últimos dias, diz o Senhor, que derramarei do meu Espírito sobre todas as pessoas... (Atos 2.13-17a)

O que aconteceu foi que, talvez sem perceber, os zombadores estavam profetizando sobre a vinda do mover de Deus: "Eles estão cheios de vinho". De fato, eles estavam cheios do vinho novo do avivamento. Por isso, diante dessa percepção das pessoas a sua volta, Pedro imediatamente esclareceu: "eles não estão bêbados **como vocês pensam**!" (grifo do autor), uma vez que a verdade é que eles estavam embriagados sim, mas do vinho novo do céu, e não de alguma substância física. Esses homens foram os primeiros a beber o vinho do mover de Deus. Então, Pedro seguiu dizendo: "Isto é o que havia sido falado pelo profeta Joel: E acontecerá nos últimos dias, diz o Senhor, que derramarei do meu Espírito sobre **todas as pessoas**." (grifo do autor). No passado, o odre de Deus era a nação de Israel. Agora, o vinho novo estava sendo derramado não apenas em uma nação, mas sobre toda carne!

Na profecia de Joel, podemos identificar a frase "nos últimos dias". Essa sentença possui uma interpretação interessante, pois, biblicamente, a palavra "dias" não determina um período certo de necessariamente 24 horas, mas pode estar falando de anos, décadas e até milênios. Em 2 Pedro 3.8, diz "[...] não ignoreis uma coisa: um dia para o Senhor é como mil anos, e mil anos, como um dia.". Para entendermos o significado dos dias a que Pedro se refere, precisamos examinar as referências à forma como a contagem de dias e anos acontece no âmbito divino. Um exemplo disso está em

Salmos 90.4, que confirma o mesmo princípio: "[...] aos Teus olhos, mil anos são como o dia de ontem...".

Portanto, primeiramente, precisamos entender que a exatidão de Deus funciona no Seu tempo e não no nosso. Já ouvi muitos dizerem que "Deus está com pressa". Entretanto, quem acredita nisso, na realidade, não entende a natureza e o caráter divinos. Estar com pressa implica estar atrasado ou estar ficando para trás no que diz respeito a alcançar um alvo. Deus nunca se atrasa, mas age sempre na hora exata. Ele nem mesmo está preso às dimensões do tempo: o Altíssimo "habita a eternidade" (Isaías 57.15). Deus não está com pressa, mas sim está se movendo de acordo com o Seu tempo perfeito e exato para Seus planos, estabelecidos desde a eternidade.

A partir desse entendimento de dias e milênios para Deus, podemos analisar este resumo da genealogia bíblica: de Adão a Abraão foram aproximadamente 2000 anos. E no calendário de Deus, se um dia é como mil anos, seria um total de dois dias. De Abraão até Jesus foram aproximadamente outros 2000 mil anos, ou outros dois dias. É claro que os historiadores, antes da era da computação e da tecnologia, podem não ter sido precisos, mas as genealogias bíblicas são exatas. Isso significa que, de Adão até a ascensão de Jesus, foram aproximadamente 4000 anos, ou 4 dias, de acordo com o calendário de Deus.

Nestes primeiros 4 dias da humanidade, a aliança de Deus e Sua presença eram exclusivas da família física de Abraão, a nação de Israel. Porém, na ascensão de Jesus, em 30 d.C., os últimos dias começaram (5º, 6º e 7º, do círculo perfeito de uma semana). Estes dias finais seriam marcados pelo mover de Deus sendo derramado sobre "toda carne", como Joel profetizara centenas de anos antes. Então, estas são as boas novas do Evangelho do Reino de Deus para o nosso tempo. Agora, nos "últimos dias", a salvação está disponível a toda a espécie humana. Além disso, há uma obra de expansão do Reino de Deus em todas as nações da terra. A vida eterna está acessível a todos que aceitarem o sacrifício oferecido por Jesus no Calvário!

Foi este o vinho novo derramado no dia da inauguração da Igreja – Pentecostes. Daquele dia em diante, graças ao sacrifício de Jesus na cruz, a graça de Deus estava disponível a toda carne, a todos os homens e a todas as nações, ao invés de somente à nação de Israel. Aqui, Jesus estava cumprindo o que Ele havia dito em João 10.16: "Tenho ainda outras ovelhas que não são deste aprisco. É necessário que eu também as conduza. Elas ouvirão a minha voz; e haverá um rebanho e um pastor." Esse era o início do avivamento nos últimos dias, o vinho novo do cristianismo sendo derramado no odre novo da Igreja, formada de judeus e gentios – um só rebanho com um só pastor. E essa nova Igreja geraria uma nova expressão dinâmica de proporções sem precedentes. Ou seja, uma comunidade viva que estenderia sua influência pelas nações.

Quando oramos por avivamento, estamos buscando a restauração daquela expressão forte, dinâmica e viva da Igreja primitiva. Muitos oram por avivamento sem mesmo entenderem pelo que estão pedindo. Outros se enterraram tanto nas tradições da Igreja atual – são tão rígidos na forma como se acostumaram a fazer as coisas – que, quando um verdadeiro mover de Deus vem, eles não querem ter absolutamente nada a ver com isso.

Ao mesmo tempo que temos compaixão daqueles queridos irmãos que estão meramente conduzindo a igreja segundo uma tradição outrora ensinada, nós reconhecemos que, sem abraçar o vinho novo do Espírito, eles nunca entrarão na plenitude e na produtividade do poder sobrenatural de Deus. Tantas coisas são feitas em nome do cristianismo, e não se parecem em nada com a Igreja de nossos pais, fundada no dia de Pentecostes. Só porque algo nos foi passado pela tradição da igreja, não significa que venha de Deus. O padrão para a Igreja nos foi dado por Jesus nas Escrituras.

Infelizmente, esse padrão começou a ser distorcido quando a Igreja, sob a liderança do imperador romano Constantino, no século IV d.C., se afastou quase completamente dos princípios que Jesus havia ensinado. Em lugar de ser uma família espiritual de homens e mulheres vivendo na unção e no sobrenatural, a igreja se tornou uma organização influenciada pelo governo, na qual a participação era uma obrigação, e horríveis atrocidades eram feitas em nome do cristianismo.

Muito da expansão do islamismo provavelmente foi fomentado pelo ódio aos cristãos que mataram e abusaram de poder usando o "nome do Senhor Jesus". Multidões morreram em guerras santas e cruzadas, tudo isso indo na contramão dos ensinamentos de Jesus sobre Seu Reino.

> Jesus respondeu: O meu reino não é deste mundo. Se o meu reino fosse deste mundo, os meus servos lutariam para que eu não fosse entregue aos judeus. Entretanto, o meu reino não é daqui. (João 18.36)

Sem entrar em um longo discurso sobre a história da igreja, basta dizer que, desde então, esta perdeu sua identidade e propósito. O cristianismo começou a se mover em uma direção completamente contrária ao plano original de Deus. E, assim como os membros e líderes da igreja distorcida que perseguia e matava pessoas em nome da religião pensavam que suas tradições eram normais, igrejas tradicionais mortas, hoje, pensam que seus costumes religiosos são o padrão de vida cristã.

Posteriormente, a distorção da igreja romana culminou, na idade média, em uma instituição que sobreviveu financeiramente da venda de indulgências, basicamente vendendo e comprando ingressos para o céu. No entanto, com a graça de Deus, quinhentos anos atrás, Martinho Lutero iniciou uma reforma de todas essas tradições absurdas que se infiltraram no cristianismo. Porém, ele deu apenas um pequeno passo na direção certa. Depois de mais de mil anos de uma igreja completamente desviada de seu curso, levaria séculos para ser realmente restaurada a plenitude dos valores e propósitos da doutrina real de Jesus Cristo. Por isso, este é um processo em andamento no qual ainda estamos vivendo. Contudo, já estamos muito perto da "restauração de todas as coisas sobre as quais Deus falou" (Atos 3.21). Nesse tempo, a Igreja será restaurada, Jesus retornará, e o 7º dia – um milênio de paz e descanso – virá sobre a terra, enquanto Jesus e Seus fiéis governarão as nações com cetro de ferro. (Apocalipse 2.26-27)

Em resumo, o que devemos esperar do verdadeiro avivamento? Primeiro, envolve cultos dinâmicos e cheios de vida, em que há um mover do Espírito Santo como no dia de Pentecostes. Avivamento traz o som do céu, e eu creio que esse som é expressado em formas de louvor e adoração poderosas, que levam as pessoas à presença tangível do Espírito Santo. Além disso, esse novo mover de Deus consiste também na conversão de pessoas ao cristianismo, não por imposição, mas por livre escolha, baseada em uma experiência – uma convicção no coração de que Jesus é real. Isso, porque o verdadeiro cristianismo é baseado em fé e experiência, pois Deus é real e Sua presença é tangível, e pode ser experimentada.

Outro aspecto do avivamento é a prosperidade. Deus abençoa alguns de forma tão significativa que podem financiar o Seu mover. Exemplo disso é a Igreja de Atos, em que "não havia nenhum necessitado entre eles" (Atos 4.34). Ademais, o verdadeiro avivamento é acompanhado pelo ministério profético preciso, como visto na Igreja primitiva. Historiadores registraram que, em resposta à visão profética, todos os cristãos saíram de Jerusalém antes que o príncipe Tito de Roma a destruísse em 70 d.C.. Em consequência disso, eles foram poupados do massacre que veio sobre a cidade quando o templo foi destruído e o local sitiado. Finalmente, o verdadeiro avivamento sempre é acompanhado de uma manifestação do poder de Deus em sinais, maravilhas, curas e milagres, como os evidenciados pelas testemunhas dos discípulos de Jesus no livro de Atos. Se não estamos experimentando os aspectos do avivamento, antes mencionados, devemos clamar a Deus para que envie um mover genuíno em nosso meio. Ansiamos pelo vinho novo do Seu Espírito em avivamento!

CAPÍTULO 14

A PRODUÇÃO DE VINHO

Para compreender plenamente a analogia do vinho e do odre, precisamos aprender sobre a produção de vinho em Israel, nos dias de Cristo. Devido ao acesso limitado a produtos importados naquele tempo, que impedia que as uvas chegassem de outros países a Israel, o cultivo de vinhas sempre fez parte da agricultura nacional. Contudo, as condições climáticas e do solo não eram propensas a uma produção excepcional dessa matéria-prima, o que acabava comprometendo a qualidade do produto final, o vinho. Exemplo disso é que, em um bom restaurante, é comum alguém pedir a melhor garrafa de vinho francês, italiano, do Vale de Napa, ou mesmo argentino, mas, é improvável que alguém peça o melhor vinho israelense. A qualidade de seus vinhos simplesmente não é muito aclamada.

Outro aspecto do vinho de Israel é que, ao contrário de alguns dos exemplares mais caros e complexos de outros países, que podem envelhecer na garrafa por um longo tempo antes de ficarem plenamente maduros, esse tem um período curto de sobrevivência. Há vinhos que podem ser apreciados, literalmente, décadas após ficarem prontos. Os produzidos em Israel nos dias de Jesus, por outro lado, geralmente duravam não mais do que uns três anos. Depois disso, viravam vinagre. E é exatamente por essa razão que eu creio que Jesus escolheu especificamente o vinho como um símbolo do mover de Deus, uma vez que a manifestação do Seu Espírito está constantemente evoluindo, avançando e sendo renovada, não podendo permanecer a mesma por muito tempo.

Por não compreender essa dinâmica do mover do Espírito, infelizmente, muitos cristãos ficam enterrados em algumas rotinas religiosas ou em algo que Deus derramou numa estação passada. Então, quando se recusam a aceitar o que o Senhor está fazendo de novidade, assim como o vinho velho, vão perdendo o sabor e ficando azedos. Quantos cristãos azedos você conhece que, por um tempo, estiveram no fluir do avivamento, verdadeiramente apaixonados por Jesus, mas, em algum ponto da caminhada, fracassaram em fazer a transição para o vinho novo da nova estação? Quantos se tornam até mesmo amargos por não estarem mais no mover de Deus? Uma das condições mais tristes na terra é o estado de um cristão azedo – alguém que meramente cumpre a rotina religiosa, bem parecida com a tradição dos fariseus dos dias de

Jesus. Essas pessoas perdem a compreensão de que o verdadeiro cristianismo é uma experiência apaixonada e amável – nunca enfadonha – pois Jesus está sempre derramando algo novo e fresco que nos mantém vivos e queimando de paixão.

O motivo pelo qual alguns cristãos se acomodam na religiosidade é o fato de que faz parte da natureza humana procurar o que é mais confortável – o caminho da menor resistência. É mais fácil simplesmente seguir uma lista de regras e regulamentos. Por isso, para muitos, o cristianismo só significa "faça isso, faça aquilo, faça aquilo outro" ou "você não pode fazer isso, você não pode fazer aquilo, você não pode fazer aquilo outro". Ao seguir tal lista de regras, alguns pensam que estão vivendo para Deus. Contudo, a plenitude do cristianismo é alcançada através de um relacionamento vivo com Jesus, ao invés de um conjunto de "faça" e "não faça". As maiores riquezas da vida cristã vêm para aqueles que aprendem a ouvir a voz de Deus e seguir Suas instruções pessoais. Esse tipo de relacionamento íntimo com o Senhor leva a alegria, paz e realização. Além disso, se seguirmos Sua voz, seremos relevantes em toda estação – sempre atualizados no mover vigente do Senhor.

No entanto, às vezes, é mais fácil seguir algum padrão pré-formulado do que aprender a buscar ao Senhor, todos os dias, para decisões e direção pessoal. É mais confortável encontrar o caminho que alguém já mapeou para nós. Porém, se não formos sensíveis à voz de Deus, perderemos a direção da nuvem de Sua glória. Grande parte da Igreja moderna se tornou irrelevante para a sociedade na qual vivemos, porque não segue o mover de Deus. Como consequência disso, infelizmente, muitas igrejas e denominações estão rapidamente diminuindo em número de membros e relevância social. E sem abraçar a mudança, elas provavelmente vão morrer logo.

Por outro lado, em oposição ao desejo por conforto, a natureza humana também requer ser fascinada. Embora procuremos o caminho mais fácil, ele geralmente não satisfaz os anseios internos de nossas almas. Sempre estamos buscando por algo novo para nos preencher e instigar. Este é o dilema da nossa natureza caída. Compramos um carro novo que nos faz vibrar, mas, pouco tempo depois, já começamos a olhar para outro carro. Ou compramos uma casa, então surge outra do outro lado da cidade que nos faz desejar nos mudar para ela. Além disso, se não formos cuidadosos, esse atributo invade até nossas relações pessoais. Exemplo disso são homens e mulheres casados, que não são espirituais, frequentemente se imaginando em um relacionamento com um parceiro diferente. E assim avança o processo: alcançamos algo tão maravilhoso, mas rapidamente ficamos entediados com aquilo e começamos a procurar algo novo. Sempre precisamos estar fascinados por alguma coisa.

A busca por algo que nunca satisfaz torna-se um círculo vicioso para nós. **Jesus, porém, oferece a solução para ambos os extremos do espectro de nossa natureza humana**. Ele é "o mesmo ontem, hoje e eternamente" (Hebreus 13.8), mas, simultaneamente, promete: "Eu faço uma coisa nova, que já está para acontecer" (Isaías 43.19a). Em outras palavras, sua natureza imutável nos traz o conforto pelo qual ansiamos, porém, o novo mover de Deus supre nossa necessidade de sermos fascinados por algo inédito. Embora andemos nas "trilhas antigas" de Jeremias 18.15, podemos constantemente experimentar as "coisas novas e ocultas" de Isaías 48.6. Há tantas facetas da presença e da glória de Deus que, a cada novo avivamento, o Senhor revela novas dimensões de Sua beleza e a vastidão do Seu plano. Desta forma, somente Ele pode satisfazer o anseio de nossas almas. Encontramos conforto em Sua natureza perene, mas somos sempre fascinados e desafiados por Seus processos e as faces de Sua glória!

A RENOVAÇÃO DE UM ODRE

[...] vinho novo deve ser posto em odres novos... (Lucas 5.38 – Almeida Revista Atualizada)

Ao examinarmos a língua original deste texto, algo imediatamente se destaca: há duas palavras gregas diferentes para "novo" usadas aqui. Uma delas é *"neos"*, referindo-se ao "vinho novo", enquanto a outra, que acompanha "odres", é *"kainos"*. *Neos* denota algo que é novo em relação ao tempo cronológico. *Kainos*, no entanto, designa algo que está em boa condição. Ou seja, vinho novo pode ser considerado o novo mover de Deus no tempo presente, algo original que Jesus começou a fazer na terra neste momento. O odre, por sua vez, é novo no sentido de não estar gasto, ainda ser eficaz na sua função. Portanto, o que Jesus está querendo dizer é que não só é possível, mas é também fundamental que uma igreja – simbolizada pelo odre – esteja em bom estado para receber do mover do Espírito Santo. Se o "odre" fala simbolicamente da estrutura da igreja, através da qual o vinho de Deus flui para tocar as pessoas, é importante que esta se mantenha conservada e relevante por muitas gerações.

Contudo, ao observarmos o papel que a igreja está desempenhando ao redor do mundo, vemos que não temos sido como esse odre novo descrito por Jesus. Se formos honestos, teremos que admitir que uma enorme parte do cristianismo propagado hoje é irrelevante para a sociedade, por conta da condição desgastada em que a igreja se encontra. Ser cristão tornou-se um mero rótulo, ao invés de representar um relacionamento pessoal com Jesus. Por exemplo, uma pessoa nasce cristã, muçulmana, hindu ou em outra religião, e isso se torna mais uma identidade étnica do que um estilo de vida. Muitos desses "cristãos" vivem sem nem mesmo entender os princípios do cristianismo de fato. Para eles, trata-se apenas da cultura religiosa da família na qual nasceram.

Exemplo disso é o fato de que muitas dessas pessoas vão a um culto, de vez em quando, ou até mesmo dão uma oferta na congregação local, mas não vivem realmente baseadas nos ensinamentos de Cristo. Elas não têm nenhuma ligação com o vinho do Espírito de Deus – poderoso para influenciar a sociedade. No entanto, problema não está no cristianismo ou na Palavra de Deus. A Bíblia é tão importante hoje quanto era quando foi escrita. O que perde a relevância é a estrutura ou o odre sobre o qual o Espírito é derramado.

Se estudarmos a História da Igreja, vamos descobrir que quase todas as denominações começaram com um mover de Deus. Em suas gerações, muitas delas foram odres para o vinho novo do Espírito Santo. Nasceram com paixão e manifestações do poder sobrenatural, sendo efetivas e relevantes em sua época. O que aconteceu depois? O vinho daquela geração esgotou-se, e a estrutura – denominação ou odre – serviu ao seu tempo e propósito. Distribuiu um poderoso mover de Deus e liberou a vindima daquele tempo. Porém, quando uma nova estação chegou, e Deus começou a derramar vinho novo, a velha estrutura não podia conter o novo mover de Deus.

Muitas vezes, isso acontece por orgulho. Homens e mulheres se recusam a aceitar que precisam receber algo novo de outra pessoa. O pensamento geralmente é: "se Deus está se movendo, Ele pode se mover bem aqui. Não precisamos de outra mentalidade ou outro pregador, missionário, denominação ou um novo mover de Deus. Temos tudo aqui. Não necessitamos de nada e de ninguém mais.". Essa mentalidade é bem parecida com a igreja de Laodicéia, em Apocalipse, capítulo 3, versículos 13 a 22, a qual Deus disse que a vomitaria de Sua boca. Eles dizem: "Sou rico, tenho prosperado e nada me falta, mas não sabes que és infeliz, miserável, pobre, cego e nu." (Apocalipse 3.17). Essa descrição é bem apropriada para a condição de muitas denominações e estruturas de igrejas em todo o mundo, que se encontram em um eterno declínio tanto em números quanto em relevância na sociedade moderna, por conta de seu apego ao mover passado e suas estruturas rígidas.

Hoje, algumas dessas igrejas velhas e mortas possuem, talvez, as propriedades mais valiosas em suas cidades, com prédios antigos, lindos e grandiosos. Essas instituições pomposas, há tempos, sacudiram suas cidades com o mover de Deus. Mas atualmente, a maioria tem apenas umas poucas pessoas dentro. Seus cultos são meros rituais de tradição e não têm quase nenhum efeito ou relevância em suas regiões ou sociedades. Geralmente, os bancos estão ocupados por uns poucos idosos desanimados e não há mais nenhuma forma de alcançarem a nova geração. Em alguns casos, estão apenas esperando o tempo de os poucos últimos membros morrerem, para que suas valiosas propriedades possam ser vendidas para alguém que está esperando para abrir uma mesquita, uma boate ou algum tipo de negócio.

A dinâmica desse acontecimento é que essas estruturas já carregaram o vinho da presença de Deus, mas, quando este acabou, e chegou a hora de uma coisa nova, os seus seguidores disseram: "o vinho velho é melhor!" (Lucas 5.39). Entretanto, esse vinho já tinha virado vinagre. Os que continuaram bebendo dele ficaram azedos, fazendo com que alguns desses lugares não passassem de uma velha tradição, sem nenhuma vida verdadeira. Os cristãos que perderam sua paixão se tornaram amargos e rabugentos. Às vezes, a sua maior reclamação é que alguém se sentou no lugar onde eles se sentaram por 30 anos. Esse exemplo, portanto, demonstra o quanto a estrutura se rachou e não pode mais conter o vinho novo do mover de Deus.

Então, como uma igreja ou estrutura cristã se mantém relevante? Há um processo pelo qual esta pode permanecer ativa e eficaz por muitas gerações. Em Israel, quando o último vinho era derramado do odre, havia um procedimento de restauração, para que aquele odre pudesse conter vinho novo mais uma vez. O velho recipiente ressecado era colocado de molho em água por um período extenso – podemos tomar essa água como um símbolo da Palavra de Deus, que nos lava (Efésios 5.26). Após ser lavado, era feita uma aplicação de óleo fresco. Um ato meticuloso de esfregar o odre velho com óleo o fazia ficar saturado e renovado, para que, então, pudesse conter o vinho novo. Esse óleo representa a unção do Santo Espírito de Deus. Há um processo de renovação pela unção fresca para as igrejas, que geralmente vem através de um homem ou mulher de Deus que carrega uma unção nova, liberada por Ele, e pode levá-la até as comunidades que ainda não encontraram o novo mover do Senhor.

Portanto, precisamos reconhecer e honrar aqueles que carregam o óleo fresco e estar dispostos a receber deles. Uma das formas de Deus nos manter humildes é nos fazer todos dependentes uns dos outros. Porém, por causa do orgulho, muitas vezes, pessoas rejeitam os avivalistas a quem o Senhor enviou para espalhar o óleo fresco de Sua unção. Então, com a falta do óleo de que o odre precisa para ser renovado, este se torna seco e rachado, não podendo mais conter o vinho novo que Deus está derramando para esta geração. Esses odres perdem sua relevância para a sociedade. Podem até continuar conduzindo seus cultos como de costume, porém, tornam-se como o sacerdócio de Icabode, do Velho Testamento, ausente da glória de Deus.

Naquele tempo, devido ao pecado e a desobediência do povo, Israel havia perdido a Arca da presença de Deus, que pertencia ao Tabernáculo de Moisés, para os seus inimigos. O sumo sacerdote Eli e seus dois filhos morreram no mesmo dia em que a Arca foi tomada. O neto de Eli nasceu naquele dia, e a ele foi dado o nome de "Icabode", que significa "a glória partiu". Icabode e seu irmão cresceram e se tornaram os novos sacerdotes de Israel. Por muitos anos, o povo continuou a conduzir seus cultos religiosos como de costume. Icabode e seu irmão recebiam os sacrifícios e ofertas, e conduziam as atividades de adoração no tabernáculo, como seus predecessores fizeram por anos, mas Deus não estava lá. A glória havia, de fato, partido. A Arca da presença de Deus havia sido capturada e nunca mais retornaria a esse tabernáculo. Contudo, o povo continuava com suas tradições religiosas, oferecendo e adorando em uma estrutura vazia, a qual Deus já havia abandonado.

Quantas de nossas igrejas não fazem a mesma coisa? Um dia elas tiveram o mover de Deus e conheceram a glória, mas, em algum lugar no meio do processo, não fizeram a transição para o novo mover, e agora se acham de pé em uma estrutura vazia, que não carrega mais a presença do Senhor. Por isso, precisamos orar para que Deus nos ajude a ser lavados com água e esfregados com óleo, para que possamos sempre conter o vinho novo da Sua presença.

CAPÍTULO 15
LIÇÕES DA HISTÓRIA DA IGREJA

A parábola de Jesus sobre vinho novo em odres novos nos mostra que a Igreja deveria crescer continuamente e adaptar-se aos tempos. Em Atos, capítulo 3, pouco tempo depois da inauguração da Igreja, a Bíblia nos revela um princípio vital sobre como Deus realizaria isso em Seu povo.

> [...] venham tempos de refrigério, e ele envie o Cristo, que já vos foi predeterminado, Jesus. É necessário que o céu o receba até o tempo da restauração de todas as coisas, sobre as quais Deus falou pela boca dos seus santos profetas, desde o princípio. (Atos 3.20b-21)

O versículo 20 fala de tempos ou estações de refrigério que vem da presença do Senhor. A palavra "refrigério", em grego, de acordo com o *Dicionário Bíblico Strong*, significa "resfriar, refrigerar, recobrar o fôlego e avivamento". Isso quer dizer que, enquanto aguardamos a volta anunciada de nosso Senhor Jesus, Ele prometeu que teríamos estações de refrigério, ou seja, tempos de AVIVAMENTO, que vêm com a manifestação da Sua presença. E esses períodos são diretamente relacionados ao derramamento do Seu vinho novo.

O mesmo princípio se encontra em Habacuque 2.14, que diz: "Pois, assim como as águas cobrem o mar, a Terra se encherá do conhecimento da glória do SENHOR". Parece óbvio dizer que as águas cobrem completamente o territótio marítimo, mas é interessante notar que a conexão delas com a terra vem em marés. Ou seja, há ciclos de maré alta e maré baixa. Assim também tem sido o impacto da glória de Deus sobre as nações da Terra, desde a ascensão de Cristo: há tempos de refrigério, ou estações de avivamento, que são como a maré alta do mar da glória de Deus, seguidas de tempos de maré baixa.

É claro que Deus sempre está presente e se move na Terra. Sabemos que Ele é onipresente, portanto, está em todo lugar, em todo tempo. Porém, além da onipresença, a Bíblia refere-se à presença "manifesta". Exemplo disso é a promessa que Jesus fez em João 14.21 "Aquele que tem os meus mandamentos e a eles obedece, esse é o que me ama. E aquele que me ama será amado por meu Pai, e eu o amarei e me manifestarei a ele".

O que o versículo citado explica é que as estações de refrigério vêm quando Jesus manifesta Sua presença àqueles que guardam Sua Palavra, e anseiam por estar com Ele em Sua volta. Essas são as ondas de avivamento que varrem a terra seca das nações, os períodos em que Ele derrama o vinho novo sobre o faminto e sedento. Nessas estações, um mover fresco de Deus é liberado e algo é acrescentado à Igreja, trazendo-a para mais perto da plenitude da revelação da glória do Senhor.

Este sempre foi o padrão do mover de Deus na Terra. Uma onda de avivamento a varre, e então é seguida por uma estação na qual a onda volta para o mar, e parece que Sua presença manifesta não está mais tão ativa. Pouco tempo depois, porém, uma nova maré de Sua glória surge. Contudo, chegará o dia, não muito distante de nós, em que essa maré alta virá e alcançará todas as nações, então, TODOS OS POVOS serão cobertos com a glória do Senhor. Todos conhecerão a presença de Jesus.

> Ninguém terá de ensinar ao próximo, nem a seu irmão, dizendo: Conhece ao Senhor; porque todos me conhecerão, desde o menor até o maior deles. (Hebreus 8.11)

Haverá um tempo em que a glória do Senhor vai invadir todos os lugares e alcançar todas as pessoas. Então, a Igreja não vai mais precisar deter a responsabilidade de revelar Deus para quem não O conhece. Mas por quanto tempo as estações de avivamento e refrigério continuarão a se alternar com os períodos de seca, até esse dia glorioso? Por quanto tempo esse padrão de vinho novo em odres novos vai permanecer? A resposta encontra-se em Atos 3.21. Os céus têm que receber (ou reter) Jesus até os tempos da restauração de todas as coisas. Isso indica que a Igreja está passando por um processo de reforma. Através dela, Deus está restituindo todas as coisas que foram perdidas pela raça humana no Jardim do Éden e tudo que Ele profetizou pelas gerações. Então, quando a Igreja estiver plenamente restaurada, no estado de plenitude planejado pelo Senhor, os Céus não mais reterão Jesus, e Ele vai retornar. Assim, Cristo virá para uma Igreja "sem mancha, nem ruga, nem qualquer outra coisa semelhante" (Efésios 5.27).

Assim sendo, se Jesus ainda não voltou, é porque Ele ainda está no processo de ajustar e restaurar algumas coisas na Sua Igreja. E um dos problemas que necessita ser trabalhado na mentalidade eclesiástica é que, quando experimentamos um mover de Deus, é difícil acreditar que haja algo mais poderoso e melhor que Ele deseje fazer na próxima geração. Às vezes, o que já vivenciamos é tão maravilhoso que não conseguimos imaginar que o Senhor tenha algo ainda maior. Contudo, os Seus caminhos são mais altos que os nossos caminhos, e Seus pensamentos mais altos que os nossos pensamentos (Isaías 55.9).

A HISTÓRIA SE REPETE

A Igreja inaugurada no dia de Pentecostes continha o vinho novo que Deus estava derramando naquele tempo. Um pequeno grupo de discípulos, literalmente, virou o mundo de cabeça para baixo com as boas novas de Jesus e Sua salvação. Em um curto período, apesar da intensa perseguição, o cristianismo se espalhou pelas nações ao redor do mundo todo. Mas infelizmente, um dos eventos que parecia ser uma grande vitória nesse processo tornou-se uma incrível queda para a Igreja.

Sem entrar em muitos detalhes, podemos retomar rapidamente a História da Igreja por volta do início do século IV depois da ascensão de Jesus. O que aconteceu foi que imperador romano Constantino se converteu ao cristianismo em 313 d.C.. E, ao declarar-se cristão, decretou o Édito de Milão, encerrando oficialmente quase três séculos de intensa perseguição à Igreja. Embora fosse maravilhoso que agora houvesse tolerância para com os cristãos, simultaneamente, algo muito negativo aconteceu: uma aliança profana da igreja com o Estado foi estabelecida. A política e a religião cristã se misturaram de uma forma nada saudável para ambas.

Mesmo que Constantino tenha dado fim à perseguição cristã, naquele tempo, um novo problema nasceu quando a igreja se misturou com o sistema político de Roma. Em 380 d.C., com o Édito de Tessalônica, o cristianismo tornou-se a religião oficial do Império Romano. A igreja ortodoxa e a católica afirmaram ser a continuação da cristandade na sua forma original. O cristianismo, em lugar de uma decisão voluntária, tornou-se uma obrigação política. Assim, essa "religião" começou a se espalhar através da imposição e da guerra. Como já tratamos brevemente, as sangrentas cruzadas dominaram a religião cristã e atrocidades inimagináveis foram feitas em nome de Deus. A greja tomou uma direção totalmente contrária ao que Jesus ensinou: "Meu Reino não é deste mundo".

> Jesus respondeu: O meu reino não é deste mundo. Se o meu reino fosse deste mundo, os meus servos lutariam para que eu não fosse entregue aos judeus. Entretanto, o meu reino não é daqui. (João 18.36)

> Mas Jesus lhe disse: Guarda a tua espada; porque todos os que lançarem mão da espada, à espada morrerão. (Mateus 26.52)

Apesar dos avisos de Jesus, a igreja cristã romana dessa época aliou-se à espada e à violência de forma jamais vista em toda a história do cristianismo. Essa aliança profana entre o governo político e a religião mergulhou a igreja em quase mil anos de uma "era de trevas". O cristianismo transformou-se em uma religião sangrenta, cujas características não tinham nada a ver com a verdadeira natureza dos ensinamentos do Senhor.

Multidões morreram pela espada em nome de Cristo. O estado da igreja se deteriorava continuamente, ao ponto de vender "indulgências" (taxas pagas à instituição para garantir uma passagem para o céu) e proibir a leitura da Bíblia ao homem comum, sendo sua interpretação restrita aos líderes oficiais.

Após cerca de um milênio de um cristianismo imerso em corrupção, nos séculos XIV e XV, Deus começou a levantar pessoas que foram instrumentos para lançar os fundamentos da futura restauração da Igreja. Homens como John Huss, Girolamo Savonarola e John Wycliffe passaram a enfatizar a importância da Bíblia para a vida diária de todos os cristãos. Então, foi nesse tempo que Martinho Lutero surgiu como um pioneiro, pregando suas 95 teses na porta da Igreja de Wittenberg, Alemanha, em 31 de outubro de 1517, e dando início oficialmente à reforma. É claro que na mente de Lutero e seus seguidores, eles consertaram a Igreja. Entretanto, é preciso lembrar que, de acordo com Atos 3.21, os céus "retêm" ou "seguram" Jesus até a restauração de todas as coisas, e isso ainda não aconteceu completamente. Mesmo que Martinho Lutero e seus fiéis tenham restaurado o princípio da justificação pela fé, o restante dos preceitos da igreja dele permaneceram iguais aos da igreja católica corrupta que estavam tentando transformar.

Ainda assim, é desnecessário dizer que, naquele tempo, isso já era uma mudança radical. Uma nova fronteira do cristianismo estava sendo cruzada ousadamente, e Lutero e seus seguidores pagaram um alto preço por terem "feito estremecer", por assim dizer, a igreja cristã tradicional daqueles dias. Eles sofreram uma tremenda perseguição católica. Levantes, violência e até mesmo guerras irromperam entre católicos e "protestantes" nos países europeus. Isso, porque o odre velho não podia conter o vinho novo da revelação e do "avivamento" daqueles dias.

É muito interessante que, poucos anos depois deste primeiro grupo de reformadores, um novo movimento emergiu e ficou conhecido como "os Anabatistas". Seus descendentes formaram as igrejas menonitas e batistas de hoje. Eles restauraram a doutrina do batismo nas águas na igreja e deram ênfase a um estilo de vida de santidade, o qual não fora muito explorado pelos primeiros reformadores. Este era um novo avivamento, um novo mover de Deus. Os luteranos, no entanto, não podiam acreditar que isso vinha do Senhor, crendo que eles já haviam restaurado a Igreja. Então, uniram-se aos católicos, antes inimigos, para lutar contra os Anabatistas e matá-los. E assim, seguidores de Lutero, outrora, instrumentos de um poderoso avivamento, juntaram forças com seus perseguidores para destruir o novo mover de Deus.

Contudo, o mover sobreviveu, o batismo nas águas e a atenção à santidade foram restaurados na Igreja, e o processo de reforma continuou. E após todo o trabalho de cada um dos reformadores em prol da transformação do cristianismo, o início do século XX viu a restauração do batismo no Espírito Santo na rua Azusa, e, com isto, o nascimento das denominações pentecostais. Porém, conforme a dinâmica vista até aqui, em que os odres velhos rejeitam o vinho novo do mover de Deus, os pentecostais foram severamente perseguidos pelos batistas, que igualmente haviam tomado parte naquela reforma, algumas gerações antes.

Por fim, após o estabelecimento da igreja pentecostal no cristianismo, nos anos 1940 e 1950, surgiu o movimento Chuva Serôdia, com uma ênfase nos ministérios de "imposição de mãos" e profecia. Então, como você pode adivinhar, seus maiores perseguidores foram os pentecostais, representantes do mover anterior de Deus. E assim seguiu a repetição da história: o Senhor sempre derramando vinho novo, mas aqueles que se tornavam odre velho continuavam acreditando que o vinho velho era melhor.

Agora, com mais de dois mil anos desde a ascensão de Jesus, a Igreja está mais próxima do que nunca de uma restauração completa, em que os Céus não mais O reterão, e Ele voltará para o Seu povo. Vivemos dias em que vemos moveres de Deus e avivamento sem precedentes, e, com isso, a restauração do ministério apostólico. É óbvio que estamos mais perto do que jamais estivemos da volta de nosso Senhor. Portanto, é fundamental que aprendamos com as gerações passadas que, ao invés de rejeitar o vinho novo, devemos abraçar a plenitude do avivamento que Jesus desejou derramar sobre Sua Igreja no tempo atual.

O avivamento que está acontecendo agora é um momento crucial na história da igreja, pois vivemos em uma geração de cristãos verdadeiramente significativos para a sociedade. De um lado, vemos uma perseguição incontável dos seguidores de Cristo por todo o mundo. Há lugares em que igrejas inteiras são queimadas com seus membros dentro, durante os cultos. Em alguns países, cristãos são crucificados de cabeça para baixo por causa de sua profissão de fé, em pleno século XI. O espírito do anticristo e do ódio contra os verdadeiros cristãos tem crescido até mesmo na América do Norte e na Europa, que antes eram lugares seguros para a nossa fé. Isso evidencia o quanto o medo reina em grande parte do mundo, devido à crescente influência do terrorismo e do radicalismo religioso. Mas, por outro lado, Deus está derramando vinho novo sobre o faminto e sedento. Homens e mulheres estão amadurecendo no conhecimento do Senhor e o poder de Deus está sendo liberado através de milagres, sinais e maravilhas. Nos ambientes em que corre o vinho novo, vemos revelações das Escrituras que estavam escondidas das gerações passadas finalmente vindo à luz. Todos esses acontecimentos indicam que está se aproximando o momento da colheita do trigo e do joio, de Mateus 13.24-30. Ou seja, os filhos de Deus e os filhos das trevas, ambos estão chegando à maturidade de suas naturezas e propósitos, revelando cada vez mais claramente de que lado estão.

Portanto, a Igreja de hoje está se preparando para o tempo em que o joio finalmente será separado do trigo. A respeito dessa preparação, em Efésios 4.11-13, a Bíblia declara que apóstolos, profetas, evangelistas, pastores e mestres são dados à Igreja para edificação do Corpo de Cristo. Essa "edificação" deve continuar até que todos alcancemos a unidade da fé, e nos tornemos "um homem perfeito" (no grego, maduro), na medida da estatura da plenitude de Cristo. Isso significa que está chegando um tempo em que os verdadeiros cristãos manifestarão a maturidade de Jesus em sua plenitude. Acredito que seja a isso que a Bíblia se refere, em Romanos 8.19, ao dizer que toda a criação espera ansiosamente pela manifestação dos filhos de Deus.

O interessante é que você e eu nascemos exatamente nesta geração, sobre a qual a plenitude de Deus será manifestada através dos Seus filhos. Podemos nos perguntar por que isso só acontecerá agora. A resposta á que somos a primeira geração, em quase dois mil anos, na qual todos os cinco ministérios – apostólico, profético, evangelístico, mestral e pastoral – foram restaurados, aceitos e estão realmente funcionando na Igreja. Por isso, a obra completa do amadurecimento do povo de Deus se torna possível. Logo, é fundamental que a nossa geração aceite e abrace o vinho novo que está sendo derramado, em lugar de resistir ou perseguir, como foi o padrão da Igreja no passado. Disso depende a renovação das estruturas cristãs para o maior avivamento da História.

CAPÍTULO 16

O ODRE VELHO DA TRADIÇÃO

Um dos obstáculos que pode impedir o derramar do vinho novo do Espírito Santo é o excesso de tradicionalismo da Igreja. Quando Deus começa a conceder a unção fresca de um novo avivamento, é sempre um desafio para aqueles que criaram uma rotina específica no passado. Muito provavelmente, o novo mover do Espírito de Deus não vai se encaixar no odre velho da tradição.

Mas a despeito de a igreja, muitas vezes, tentar se apegar a estruturas anteriores, Deus está sempre se movendo e Seu Reino avançando. Um exemplo disso, no Velho Testamento, foram as colunas de nuvem e fogo que dirigiram os filhos de Israel pelo deserto. A dinâmica da jornada do povo hebreu seguindo essa manifestação de Deus funcionava assim: havia períodos em que o Senhor permitia que eles acampassem em uma região específica, por um certo tempo, mas depois deveriam prosseguir com a viagem, de acordo com o movimento da coluna. Nos momentos de espera, talvez a vida ficasse um pouco mais confortável, pois podiam se estabelecer em locais onde provavelmente já havia uma fonte de água por perto. Assim, era possível tomar banho ou até mesmo designar uma área de latrina para suas necessidades fisiológicas. Embora a vida no deserto não fosse fácil, a rotina a tornava mais tolerável.

De repente, no entanto, a nuvem começava a se mover. A essa altura, eles tinham duas opções. A primeira é que eles poderiam permanecer onde estavam e seguir com a rotina a qual estavam acostumados – essa seria a escolha mais fácil. O único problema desse plano é que eles teriam de viver sem a presença de Deus, uma vez que esta certamente seguiria a nuvem de glória. A segunda opção seria levantar acampamento e seguir a coluna, mas é claro que isso significaria deixar todo o conforto para trás. A rotina ou "tradição" desenvolvida ali teria de ser abandonada. Eles nunca saberiam se o refrigério que tinham encontrado na última parada estaria disponível no próximo acampamento. Com isso, ao optar por seguir o mover de Deus, estavam escolhendo viver pela fé, confiando e entrando no desconhecido, assim como Abraão, o pai da fé, que "[...] partiu, sem saber para onde ia" (Hebreus 11.8). Eles teriam que estabelecer uma nova rotina, um novo estilo de vida baseado no novo ambiente ao qual Deus os estava levando.

Da mesma forma acontece com a Igreja. É mais fácil seguir alguma rotina tradicional, mas a nuvem de Deus acaba se movendo quando Ele começa a liberar fogo fresco de avivamento sobre a terra. Então, descobrimos que as coisas que costumávamos fazer, as quais produziam vida e paixão, já não são mais eficientes, porque a estação mudou. Consequentemente, nesses momentos, nós que estamos, principalmente, em posição de liderança, precisamos nos ajustar, porque o que Deus está fazendo é novo. Isso, porque o mover de Deus sempre é relevante em toda estação e sociedade, mas infelizmente a tradição da igreja não.

Um bom exemplo de um momento da História em que o comodismo cegou o povo de Deus para o Seu mover foi o que aconteceu em Israel na primeira vinda de Jesus. Ao contrário dos hebreus que seguiam a coluna que Deus enviou para os guiar no deserto, os líderes da religião judaica foram cegados por seu apego excessivo ao hábito religioso e ficaram tão presos à tradição que deixaram de ser relevantes para a sociedade. Além disso, não tinham mais discernimento espiritual para reconhecer o que Deus estava fazendo: enviando o Messias.

> Então os fariseus e os escribas lhe perguntaram: Por que os teus discípulos não vivem segundo a tradição dos anciãos, mas comem pão sem lavar as mãos? (Marcos 7.5)

Para os judeus, a rotina era tudo. Estavam mais preocupados com o lavar das mãos do que com o Filho de Deus. Quando Jesus e Seus discípulos apareceram quebrando as tradições judaicas, desenvolvidas ao longo de muitos séculos, os líderes religiosos recusaram-se a aceitar que Ele fosse o Messias. Para eles, as tradições eram mais importantes que o mover de Deus e até mesmo que o próprio Jesus.

> Disse-lhes ainda: Sabeis muito bem rejeitar o mandamento de Deus para guardar a vossa tradição. (Marcos 7.9)

Porém, Jesus deixou claro que aquela tradição pela qual eles tanto zelavam não podia ser mais importante do que o que Deus estava fazendo. Mas, apesar do que o Senhor nos mostra, a exemplo dos religiosos judaicos da época de Jesus, quantas igrejas hoje, ao redor do mundo, são tão diligentes em manter suas tradições que perdem o mover de Deus? A maioria do que é feito nessas instituições não passa de repetições mortas de velhos hábitos, as quais já não carregam mais a Vida que há no Senhor. São apenas uma forma de religião, expressa meramente em palavras ou rotinas eclesiásticas, mas não afetam o coração ou as emoções, nem geram frutos ou ações eficazes em prol do Reino de Deus. Exemplo disso é o que acontece nesses dois versículos do livro de Marcos.

> Jesus lhes respondeu: Hipócritas, bem profetizou Isaías acerca de vós, como está escrito: Este povo honra-me com os lábios; seu coração, porém, está longe de mim; em vão me adoram, ensinando doutrinas que são preceitos de homens. (Marcos 7.6-7)

Avançando um pouco mais na análise desse comportamento farisaico, vemos que, além de não perceberem o mover de Deus, muitas igrejas ensinam doutrinas que elas mesmas estabeleceram como se fossem requerimentos ou "mandamentos" do cristianismo. "Esta é a única forma de se viver a vida cristã", dizem elas. A consequência disso é que, ao invés de a Bíblia ser a autoridade máxima, para muitos, as tradições da igreja superam a importância da Palavra de Deus. Porém, precisamos notar que qualquer coisa que mantemos como tradição, que não seja especificamente ensinada na Bíblia, está sujeita à mudança, de acordo com o mover do Senhor. Portanto, a única forma de sempre sermos relevantes em toda a sociedade e para a nossa geração é seguir a nuvem da glória de Deus.

Outro exemplo do apego excessivo às tradições religiosas é a reação dos líderes tradicionais judeus à abertura que Jesus mantinha para com os marginalizados da sociedade. Enquanto o Senhor estava na Terra, alguns ficavam chocados e horrorizados com Sua associação e relacionamento com pessoas comuns e pecadores. Em Mateus 11.19, Cristo foi chamado de "glutão e beberrão", e houve até uma mobilização contra Ele por ser "um amigo de publicanos e pecadores".

Como grande parte da Igreja hoje, esses líderes judaicos estavam tão presos a suas tradições religiosas que rejeitaram o mover de Deus. O ministério de Jesus era relevante para os indivíduos do Seu tempo, em todos os segmentos da sociedade. Ele comeu e bebeu vinho com as pessoas comuns que precisavam ouvir o plano da salvação, e até interagiu com bandidos, para que pudessem ser alcançados. Exemplo disso eram os publicanos com quem Jesus falava, cobradores de impostos que tiravam dinheiro do povo e pegavam grandes quantias para si. Eles eram o equivalente à máfia de hoje. O Senhor andava na companhia desses "mafiosos" e das prostitutas de Sua época. Os líderes da "igreja" – da religião judaica – não conseguiam imaginar um Messias que passava tempo com pessoas comuns e não seguia as tradições. Jesus, porém, não se importava com as doutrinas deles, mas sim com almas e com o derramamento do Seu Espírito na Terra.

Ainda hoje, as igrejas modernas precisam tomar o cuidado de não limitar o agir de Deus à sua própria mentalidade. Claro que nunca podemos comprometer os princípios da Bíblia, mas o odre da tradição religiosa precisa constantemente adaptar-se à sociedade para ser relevante nas novas gerações. O preconceito em algumas denominações, muitas vezes, prejudica a influência que uma igreja pode ter sobre o mundo. Um retrato disso é o caso de uma congregação de que eu participei quando era criança. Ela se considerava moderna e acreditava carregar o novo mover de Deus, por causa de um ou outro detalhe na dinâmica do culto que trazia elementos atuais para a adoração. Por exemplo, não tinham apenas o órgão, mas um piano e uma guitarra acústica também, o que não era comum em todas as igrejas. Porém, na mesma denominação havia aqueles que condenavam o uso da bateria no louvor, pois acreditavam que fazia parte de um movimento para "trazer para igreja o *Rock* do diabo". Isso só mostra o quanto o apego a hábitos e ao senso comum de uma comunidade pode gerar inconsistências absurdas na doutrina de uma igreja.

Portanto, para acompanharmos o mover de Deus, precisamos abandonar nossos preconceitos e reconhecer as tendências das estações nas quais vivemos. Imagine uma rádio hoje que tocasse só música barroca ou canções de trezentos ou quatrocentos anos atrás. Apesar de sempre haver espaço na cultura para obras "clássicas", a maioria da sociedade, especialmente os jovens, prefere escutar músicas mais atuais. Sendo assim, não é de se admirar que igrejas tradicionais, acostumadas a cantar só os mesmos hinos, no mesmo estilo, há muitos anos, estejam vendo o número de membros diminuir. Como vamos alcançar uma nova geração com vinho novo, se não renovamos o odre? Aqueles que resistem ao "*Rock* do diabo", condenam as "luzes de discoteca", ou rejeitam qualquer outra característica da igreja moderna acabam atravancando o novo mover de Deus por conta de uma mentalidade preconceituosa. Por isso, cada vez mais, estou fortemente convencido de que, contanto que a mensagem do Evangelho não seja comprometida, deveríamos usar todo meio disponível para criar uma atmosfera relevante para a sociedade na qual vivemos.

TRADIÇÕES DE HOMENS: NEGANDO O PODER

> Porque não me envergonho do evangelho, pois é o poder de Deus para a salvação de todo aquele que crê... (Romanos 1.16)

Outra tendência amarga das igrejas tradicionais é negar o poder de Deus, esse mesmo poder que caracterizou o primeiro culto cristão, no dia de Pentecostes. O mover dinâmico do Espírito operou mudanças nos que estavam reunidos naquele dia, todos começaram a falar alto e com ousadia a respeito de Jesus. O fogo da unção de Deus liberou um rugido santo de louvor naqueles tocados pela presença do Espírito Santo – o transformador de vidas. Essa Igreja primitiva experimentou poderosos milagres, curas, sinais e maravilhas. Muitas almas foram acrescentadas, quando um evangelismo cheio do Espírito se espalhou pelas ruas. Mas apesar de todos os benefícios que o poder de Deus traz para a pregação do Evangelho, que é o objetivo da Igreja, há quem diga que ele só estava disponível para os cristãos de Atos, e que morreu com os primeiros apóstolos. No entanto, Paulo nos adverte a nos afastar dessas pessoas.

> [...] com aparência de religiosidade, mas rejeitando-lhe o poder. Afasta-te também desses. (2 Timóteo 3.5)

Muitos participam de cultos de igrejas que são uma mera exibição da rotina tradicional – uma forma de religiosidade, mas sem qualquer poder. Entretanto, o poder de Deus é a essência do Evangelho, e a mensagem cristã deveria ser sempre acompanhada de sinais e maravilhas.

> Porque a promessa é para vós, para vossos filhos e para todos os que estão longe, a quantos o Senhor nosso Deus chamar. (Atos 2.39)

Em suma, a promessa de Deus continua viva, e, consequentemente, o poder de Deus continua atuando. Este poder ainda é liberado através de uma Igreja vivificada e vibrante, a qual mantém os Seus mandamentos e preceitos, enquanto adora em espírito e em verdade. Por meio do Espírito, podemos, de fato, estar ligados à sociedade e à cultura de nossos dias, sem nunca comprometer o poder de Deus. Nossos cultos podem ter adoração com músicas atuais e uma atmosfera moderna e, entretanto, ser sempre caracterizados pela poderosa presença do Senhor. Quando nos reunimos para buscar verdadeiramente a Cristo, Ele demonstra Seu poder entre nós através da manifestação da Sua glória e de ocorrências sobrenaturais. Essa é a substância do Evangelho.

CAPÍTULO 17
RENOVANDO E SUBSTITUINDO ODRES

> E ninguém põe vinho novo em recipiente de couro velho; porque o vinho novo romperá o recipiente de couro e se derramará, e o recipiente de couro se perderá; mas põe-se vinho novo em recipiente de couro novo. (Lucas 5.37-38)

Um princípio importante a respeito do armazenamento dessa bebida tão mencionada na bíblia, que deve ser levado em consideração, é que o odre é feito para o vinho e não o contrário. Isto é, o foco está sobre o conteúdo, e não sobre o recipiente. No entanto, muitos na igreja estão mais interessados em proteger a estrutura do que o vinho em si, ou seja, a prioridade deles é preservar a velha maneira de fazer as coisas, em vez de buscar o novo mover de Deus. Porém, o mais importante para Jesus sempre é liberar vinho novo às contínuas gerações, com o propósito de se mover entre as pessoas, colhendo almas e levando filhos e filhas à maturidade.

Por isso, o vinho do mover de Deus deve ser posto em um recipiente que se ajuste a ele, e não o contrário. Se o odre não pode reter vinho novo, ele deve ser renovado, e não o vinho, contido. E se não puder ser renovado, deve ser substituído. Contudo, o derramar do vinho deve ser sempre preservado. Como já vimos, a estrutura da igreja, ao ficar ultrapassada e irrelevante, pode ser transformada pela aplicação da água da Palavra de Deus e do óleo da unção do Seu Espírito. No entanto, parece que alguns odres acabam ficando tão inflexíveis em suas tradições religiosas que não conseguem passar por esse processo de restauração, tornando-se, assim, incapazes de receber o mover do Espírito. Para que isso não aconteça, a chave para um bom odre é a flexibilidade.

Um bom motivo para o odre se manter flexível é que o vinho novo é caracterizado pela expansão. Quando este é despejado na estrutura do recipiente, ele se expande por um tempo, até se ajustar. Portanto, é necessário que o odre comporte esse aumento de volume, para que possa acompanhar o crescimento do vinho. Do contrário, se rompe e derrama todo o conteúdo.

Este é um quadro preciso do que pode acontecer com a Igreja. Se a estrutura não for flexível, esta não poderá conter o novo mover de Deus. Em consequência, a expansão do vinho novo do Espírito arrebentará a velha estrutura, caso esta seja mantida. Exemplo disso são os muitos cristãos que se tornam tão inflexíveis em suas rotinas religiosas, que não conseguem participar do crescimento do Corpo de Cristo de forma saudável.

Mas apesar de algumas estruturas não conseguirem se adaptar, o mover de Deus está sempre em expansão. Um retrato disso são os constantes acréscimos de novas almas e membros a serem discipulados, além do desenvolvimento de novos dons e talentos naqueles que já estão em Jesus. Por isso, a Igreja precisa ser amorosa, receptiva, flexível e crescente. E para que isso aconteça, devemos constantemente abraçar os membros iniciantes e estar prontos para responder e reagir positivamente à nova dinâmica congregacional despertada pela adição de pessoas diferentes. Portanto, este pode ser um bom termômetro pelo qual podemos avaliar se estamos participando do vinho novo ou do velho: a adaptação ao crescimento da igreja de forma sadia e produtiva.

Como vimos anteriormente, a Igreja precisa se adaptar à expansão do mover de Deus e do Corpo, pois sua função é ser um canal do avivamento, que sempre traz consigo crescimento e mudança. Se a velha estrutura for inflexível, será melhor substitui-la por uma nova ao invés de correr o risco de perder o vinho novo e a colheita que o acompanha. Mas, infelizmente, a realidade é que, em muitas congregações, não há acréscimo de membros, porque se recusam a aceitar o vinho novo. Sendo assim, não há espaço para a expansão do Reino que sempre acompanha o novo mover do Espírito.

DE VASILHA EM VASILHA

Moabe tem estado em paz desde a sua juventude e repousado como o vinho com seus resíduos; não foi decantada de vasilha em vasilha, nem foi para o cativeiro; por isso o seu sabor é o mesmo, e o seu cheiro não mudou. Portanto, diz o SENHOR, dias virão em que lhe enviarei pessoas que o derramarão; despejarão suas vasilhas e despedaçarão seus jarros. (Jeremias 48.11-12)

Esta passagem ilustra mais amplamente o processo de fabricação do vinho nos tempos bíblicos. Alguns dos melhores exemplares dessa bebida eram deixados em repouso por algum tempo para fermentar na sua borra, que era composta de resíduos – pequenas partículas de folhas e talos da videira. A fermentação com os resíduos deixava o vinho mais rico e encorpado. Entretanto, após esse procedimento, o vinho precisava ser derramado de uma vasilha para outra para ser purificado, pois, cada vez que era despejado em um novo recipiente, mais sedimento era removido, o aroma mudava e o sabor se tornava mais agradável. Logo, quanto mais vasilhas, mais o produto final se tornava um vinho de alta qualidade e livre de sedimentos.

Esse é o quadro do processo de purificação do vinho do mover do Espírito de Deus na era da Igreja. Ao longo dos séculos, esse vinho tinha de ser derramado de vasilha em vasilha, para se tornar cada vez mais puro.

Em outras palavras, a estrutura da igreja tinha que mudar e evoluir ao longo dos anos para receber mais vinho, permanecendo, assim, relevante e significativa a cada nova geração, sendo aperfeiçoada até a volta de Cristo.

Nessa passagem profética, Moabe estava "em descanso" e não mudou. Por não ser derramado de vasilha em vasilha, o vinho dos moabitas reteve seus sedimentos, pois não foi purificado e nunca atingiu o sabor doce e agradável resultante do processo. É assim também com grande parte da Igreja hoje, muitos se recusam a ser derramados de vasilha em vasilha, isto é, renovar suas tradições quando estas se tornam obsoletas. Como resultado, eles não têm qualquer impacto na sociedade e não são afetados pelo vinho novo do avivamento que está sendo liberado sobre a Terra.

Ao contrário dessa parcela da Igreja que despreza o vinho novo, não podemos nos esquecer que este é sempre melhor do que o antigo. Essa foi a verdade que Jesus ilustrou no casamento em Caná da Galileia, ao afirmar que o melhor vinho é reservado para o final. Isso significa que podemos esperar o mais poderoso derramar do Espírito de Deus nos dias que estão por vir. Porém, esse mover virá através do processo de purificação pelo qual o Senhor nos orienta a passar, à medida que é derramado de vasilha em vasilha, renovando nossas estruturas por meio da transformação de paradigmas que já não são tão relevantes para a geração atual.

É evidente que o Senhor quer que a greja continue evoluindo e mudando nesse processo, uma vez que bem no final da dispensação atual, antes da volta de Jesus, o vinho vai ser completamente purificado, e um mover de Deus sem precedentes vai ser derramado sobre a terra. Então, esse será o último avivamento – o maior mover de Deus desde que Jesus ascendeu ao céu, quase dois mil anos atrás. Verdadeiramente, Ele reservou o "melhor vinho para o final".

No entanto, a resistência à mudança é algo que certamente prejudicará a Igreja a receber o grande avivamento final. Exemplo disso é Moabe, que ao se recusar a mudar, fez com que Deus enviasse seus vinhateiros, ou "decantadores" (Nova Versão Internacional) para virar as vasilhas, derramando o vinho azedo, e quebrar os recipientes. O que esse quadro demonstra é que aqueles que rejeitam o novo mover de Deus na Igreja acabam desperdiçando o vinho, que se estraga e inutilizando sua capacidade de receber do Espírito. Sendo assim, o vinho velho da religião morta deve ser jogado fora, e os odres das tradições vás precisam ser quebrados.

> Porque chegou a hora de começar o julgamento pela casa de Deus... (1 Pedro 4.17a)

Deus é um bom Pai sobre Sua casa. Por isso, vai corrigir o que está fora do lugar. Ele deseja ter uma Igreja gloriosa, "sem mancha, nem ruga, nem qualquer coisa semelhante" (Efésios 5.27). Com zelo pelo Seu povo, até mesmo o Seu julgamento é feito em amor. Sendo assim, o Senhor vai enviar os "decantadores" àqueles que não conseguem mudar, para serem quebrantados e renovados. O odre das estruturas e denominações corruptas e irrelevantes será quebrado, contudo, o vinho será preservado. Por fim, o vinho puro do avivamento será derramado sobre a Terra.

CAPÍTULO 18

O AVIVAMENTO FINAL

Para concluir este livro, eu quero tratar de alguns aspectos práticos do avivamento. É certo que, no fim dos tempos, virá um mover do Espírito de Deus, o qual trará uma grande colheita de almas e preparará a Igreja para a volta do Senhor Jesus. Já vimos que Cristo demonstrou profeticamente, através do Seu primeiro milagre – transformação da água em vinho, no casamento em Caná –, que "o melhor vinho vem por último". Logo, o mover de Deus que está por vir será sem precedentes em toda a História da Igreja. O maior derramamento do Seu Espírito foi reservado para esses últimos dias e será revelado através de um tremendo sacudir das nações. Compreender isso é crer que Jesus não fracassou no cumprimento de Sua missão, uma vez que pensar que Ele veio salvar apenas um punhado da raça humana, enquanto a maioria vai para o inferno, é subestimar Seu grande poder soberano e as insondáveis riquezas de Seu plano eterno. Por isso, estou convencido de que, quando Seu grande propósito for completamente revelado, multidões serão varridas para dentro do Reino dos Céus – muito mais do que nós imaginamos.

Os planos de Deus são bem específicos. Ele está trabalhando de forma estruturada e organizada, arrumando todas as coisas de acordo com Sua estratégia divina. Isso, porque Seus propósitos e pensamentos são mais altos que os nossos. Logo, o mundo não está girando descontroladamente de forma aleatória, sendo levado por Satanás e suas hostes. Na realidade, a Terra está seguindo de acordo com o plano de Deus, que usa até mesmo o diabo e as forças das trevas para alcançar seus objetivos. Ou seja, mesmo o que foi planejado para o mau, o Senhor transforma e utiliza para o bem – para cumprir Sua vontade. Assim, verdadeiramente, "Sabemos que Deus faz com que todas as coisas concorram para o bem daqueles que o amam, dos que são chamados segundo o seu propósito." (Romanos 8.28).

Sendo assim, os desígnios de Deus nunca são prejudiciais para aqueles que o amam. Portanto, no tempo do cumprimento do Seu plano – um grande derramamento do vinho novo, uma incontável colheita de almas e a liberação, sem precedentes, de poder sobrenatural –, estaremos sendo preparados pelo Senhor para receber esse mover, e não o desperdiçar com nossas tradições ultrapassadas. Para tal, Deus está trabalhando em Sua Igreja, amadurecendo os santos para o serviço do ministério.

Eu acredito que este seja o foco principal da obra divina em nossa geração. Como já vimos em 1 Pedro 4.17, o julgamento começa pela casa de Deus. E sendo um pai bom, Ele não julga ou corrige simplesmente pelo prazer de castigar. Exemplo disso é quando a Bíblia afirma que o Seu fogo vem para purificar – "como o fogo do ourives e como o sabão do lavandeiro" (Malaquias 3.2). Ou seja, a disciplina de Deus nunca vem sem o propósito de tornar sua Igreja mais pura e preciosa, assim como o ouro. Isso parece ser Sua prioridade na presente estação. Então, uma vez que o povo fiel ao Senhor estiver purificado, amadurecido e preparado para o ministério, colher uma multidão de almas não será uma tarefa tão difícil.

Essa preparação da Igreja, contudo, tem como objetivo não só a purificação dos cristãos, mas a capacitação dos santos para revelar o Reino de Deus. A respeito disso, Romanos 8.19 diz que a criação anseia ardentemente pela manifestação, ou revelação, dos filhos de Deus. A palavra para filhos, neste texto, é um termo grego cujo significado é "filhos maduros". Mais especificamente, aqueles que estão preparados para assumir os negócios do pai. Portanto, o foco da obra do Espírito Santo, na atual estação, é trazer os filhos do Senhor ao mesmo nível de maturidade do Seu primogênito Jesus.

Foi a respeito desse amadurecimento que Ele disse: "Em verdade, em verdade vos digo: Aquele que crê em mim também fará as obras que eu faço, e as fará maiores..." (João 14.12). Alguns dizem que o Senhor referia-se às obras coletivas de toda a Igreja, sendo maiores do que as realizadas por Ele. Porém, não acredito que seja esse o significado, pois o verbo "fazer" está no singular neste versículo. Outros dizem que a Escritura refere-se a maiores obras como sendo mais numerosas, porém, a palavra original grega para "maiores" não tem nada a ver com quantidade, mas sim com tamanho e qualidade. Por anos, os homens tentaram se convencer de que já estavam fazendo estas obras maiores, mas, se formos honestos, veremos que ninguém na História da Igreja alcançou um ministério tão grande ou maior que o de Jesus.

Apesar de testemunharmos diversas curas hoje em dia, precisamos admitir que nem todos por quem oramos recebem um milagre. Mesmo sabendo que não somos nós que fazemos, mas o Espírito Santo, ainda assim, necessitamos de amadurecer e crescer em intimidade com Deus, para alcançarmos o padrão estabelecido por Jesus, que liberava cura a cada um por quem orava. À medida que nos desenvolvermos como filhos de Deus, nos tornamos mais parecidos com Cristo, até o dia em que seremos conformados totalmente à imagem d'Ele. Isso significa que o que o Senhor fez na Terra, nós também faremos, e mais ainda. Nós carregamos o mesmo poder curador que Ele carregou. A mesma unção profética liberada por Jesus, abrindo os segredos dos corações dos homens, está sobre nós. Com aperfeiçoamento, teremos em nossos ministérios a mesma precisão, consistência e efetividade que Cristo teve. O plano de Deus é que a terra seja invadida por um exército de miniaturas de Jesus. É por isso que a criação ansiosamente espera a manifestação dos filhos de Deus.

Porém, como chegaremos lá? Precisamos manter nossos olhos em Jesus. 2 Coríntios 3.18 diz que à medida que contemplamos Sua glória, somos transformados à Sua imagem, por meio do Espírito. Isso significa que todos nós precisamos ter um relacionamento íntimo e privado com o Senhor. É no lugar secreto que contemplamos Sua glória. Por isso, mesmo sendo bom ir ao culto na igreja, somente frequentar reuniões coletivas não é suficiente para se ter um relacionamento pessoal com o Senhor. Então, ao passarmos tempo de qualidade com Deus, mantendo nosso foco n'Ele, a crescente dimensão da glória em nossas vidas começará a nos transformar em pequenos Cristos. Ou seja, conforme respondemos à Sua glória, Aquele que começou a boa obra em nós é fiel para completar essa transformação (Filipenses 1.6).

A necessidade de contemplarmos e sermos transformados pela glória de Deus acontece pois há coisas em nossas vidas que não podemos realizar por meio da força humana. Prova disso é que até mesmo o apóstolo Paulo disse, em Romanos 7.15, "Não entendo o que faço, pois não pratico o que quero, e sim o que odeio". Isso significa que algumas mudanças, bem como algumas dimensões do poder divino, não podem ser alcançadas pelo esforço humano. Logo, precisamos confiar que Deus está fazendo por nós o que não conseguimos sozinhos. Sendo assim, nosso foco é manter a fome espiritual e permanecer fascinados pela presença de Jesus, então, a Seu tempo, Ele completará Sua obra em nós.

Outo benefício de manter o centro de nossas vidas em Jesus é que nunca nos tornaremos desequilibrados em relação ao sobrenatural. Apesar da ênfase – comum na busca pelo avivamento – dada à realização de milagres, curas etc., não nos sentiremos obrigados a performar nada disso. Digo isso, pois eu já estive em reuniões onde havia tanta pressão vinda do palco para a realização de milagres que algumas pessoas acabavam respondendo ao apelo emocional, afirmando terem sido curadas, só para depois descobrirem que não o foram de fato. Contudo, se cremos no verdadeiro poder de Deus, não precisamos de nada falsificado. Não deveríamos difamar o agir do Espírito com algo que é fabricado pelo homem. Jesus demonstrou uma autoridade dinâmica para curar: o cego via, o surdo ouvia e o paralítico andava, sem necessidade alguma de apelar para encenações e falsas sensações. Portanto, se Ele for o centro de nossas reuniões, o mesmo poder sobrenatural vai crescer e se desenvolver continuamente em nosso meio, de forma natural e genuína. E, à medida que a manifestação da presença de Jesus aumentar, nós também nos assemelharemos a Ele e faremos tais obras.

> Amados, somos filhos de Deus, e ainda não se manifestou o que havemos de ser. Mas sabemos que, quando ele se manifestar, seremos semelhantes a ele, pois o veremos como ele é. (1 João 3.2)

Acabamos de ver que a criação aguarda a manifestação dos "filhos maduros" de Deus, mas este versículo de 1 João diz que, atualmente, nós ainda somos "filhos pequenos". A palavra grega usada aqui para "filhos" fala de imaturidade, daqueles que ainda estão crescendo e amadurecendo. Além disso, o versículo diz que "ainda não se manifestou o que havemos de ser". Ou seja, embora certamente estejamos no caminho para a maturidade, o que seremos no futuro é bem maior do que o que somos agora. Quando atingirmos a plenitude, não haverá mais pecado, nem morte, e caminharemos na totalidade do poder milagroso, assim como Jesus andava.

O final desse processo culminará no conhecimento total de Deus por seus filhos, e na transformação completa da Igreja: "Quando ele se manifestar, seremos semelhantes a ele, pois o veremos como ele é". Está chegando o dia em que Jesus vai se revelar aos Seus fiéis, e seremos moldados completamente à Sua imagem. Nesse momento, andaremos, profetizaremos e faremos milagres como Jesus. O "unigênito", de João 3.16, se tornará o "primogênito entre muitos irmãos", de Romanos 8.29. Então, Jesus não será mais o único filho maduro de Deus, haverá um exército de cristãos prontos e atuantes em todo o mundo. Quando andarmos na plenitude do poder e à semelhança de Jesus, os milagres não acontecerão ocasionalmente, mas todas as vezes em que orarmos.

Nesta estação, Deus já está começando a se revelar ao Seu povo em uma dimensão mais profunda do que jamais vimos. Porém, uma vez que "o virmos como Ele é", seremos como Ele. Isto é, quando o Senhor completar a obra de amadurecimento em nós, nos "manifestaremos" ao mundo, como diz Romanos 8.19. Essa palavra "manifestar", no grego, tem o sentido de "remover o véu". Isso significa que agora Deus está trabalhando em nós, nos formando, amadurecendo e revelando-Se, para que, em dado momento, quando esta obra estiver completa, Ele remova o véu e mostre Sua poderosa Igreja ao mundo. Quando esse tempo chegar, vamos experimentar o mover de Deus como nunca antes, o avivamento mais intenso e a maior colheita de almas em toda a história da raça humana.

Por isso, é tão importante sermos sensíveis ao avanço do mover do Senhor. Se nos tornarmos complacentes com nossa condição atual, não buscaremos por mais. Certamente somos gratos por tudo que Jesus já fez na Igreja e em nossas vidas. Contudo, há muito mais. O plano de Deus é nos transformar para sermos exatamente como ele. E quando isso acontecer, o futuro avivamento varrerá toda a terra, conduzido por um exército unificado e poderoso de filhos maduros à imagem de Jesus e em Seu poder. Sinais e maravilhas sem precedentes se manifestarão através do mover sobrenatural de Deus e multidões de almas serão carregadas para dentro da família do Senhor.

Logo, até que venha a plenitude, é nossa responsabilidade sempre ansiar por mais. Nada há nada mais triste do que um cristão sem paixão, vivendo só uma rotina tradicional. É essa chama que nos impulsiona a buscar pelo vinho novo. Contudo, se observarmos os resultados do cristianismo tradicional ao redor do mundo, veremos que ele se tornou nada mais que uma forma de devoção religiosa sem nenhum poder. Muitas das "nações cristãs" geram quase nenhum impacto nas sociedades ao seu redor. Se elas continuarem a fazer as coisas como sempre fizeram, permanecerão vendo os mesmos resultados de sempre. Então, se quisermos ver mais de Deus, experimentar mais do Seu poder e ser mais efetivos em nossa sociedade, devemos sempre buscar por mais.

> Eu faço uma coisa nova, que já está para acontecer. Não percebestes ainda? Porei um caminho no deserto e rios no ermo. (Isaías 43.19)

ESTAÇÕES DE AVIVAMENTO

Durante os anos 90, houve uma estação de avivamento que varreu as Américas. Naqueles dias, as pessoas falavam de um novo mover de Deus em Pensacola, Lakeland, Toronto e Brasil, entre outros lugares. Na realidade, tudo era uma única onda de derramar do vinho novo – um tempo em que a glória do Senhor estava varrendo as nações. Havia muitas manifestações do Espírito de Deus naquele tempo, inclusive algumas das quais pareciam estranhas. Porém, é claro que nem tudo o que se via vinha do Espírito Santo, pois, quando homens despreparados estão envolvidos, sempre há uma medida de excesso emocional. Mesmo assim, o avivamento era genuíno e uma grande quantidade de almas foi adicionada ao Reino, muitos foram fortalecidos e encorajados, inúmeras pessoas foram enviadas para missões e vários ministérios, estabelecidos, os quais produzem frutos ainda hoje.

Ao longo dessa estação, em muitos lugares diferentes, ficou fácil acessar a presença de Deus. Era comum, desde os primeiros minutos de uma reunião, o Espírito Santo varrer o ambiente com Seu vento, de modo que todos os presentes podiam experimentá-lo. Congregações inteiras choravam, gritavam ou riam, respondendo, de alguma forma, a essa presença santa. Nenhum homem precisava dizer-lhes o que fazer, pois o Espírito de Deus era tão tangível que as pessoas respondiam automaticamente.

Nessas reuniões, também havia aqueles que reagiam de uma forma não convencional à manifestação da presença do Espírito Santo. Isso, porque Deus decidiu usar a "loucura dos homens" para quebrar as barreiras da tradição da igreja que, muitas vezes, condicionavam as pessoas a serem meros espectadores da encenação semanal de um pregador. Porém, quando o Espírito de Deus passava pela igreja, congregações inteiras descobriam uma nova liberdade e as pessoas começavam a responder das mais diferentes e inéditas maneiras.

Quando as multidões liberavam seus louvores, parecia o primeiro culto da Igreja, no dia de Pentecostes. O som e a atmosfera do céu eram liberados naquelas reuniões. Por mais estranhas que fossem algumas das manifestações, elas eram exatamente o que precisavam ser para quebrar o ambiente gelado da tradição religiosa. Assim, homens e mulheres encontraram um lugar de liberdade para adorar e derramar seus corações a Deus, onde a Glória era derramada sem medida, enchendo todo o espaço de Seu conhecimento.

> Pois, assim como as águas cobrem o mar, a terra se encherá do conhecimento da glória do SENHOR. (Habacuque 2.14)

Como já vimos, o conhecimento da glória de Deus encher a terra como as águas cobrem o mar tem sido o padrão por toda a História da Igreja. É evidente que o mar está sempre repleto de água, porém, esse encontro da água com a terra consiste em momentos de maré baixa e maré alta. Esse quadro representa também a conexão do sobrenatural com a esfera natural, que se intercala entre grandes derramamentos do Espírito e momentos de quietude em que o acesso à presença de Deus parece mais difícil. E mesmo havendo aqueles famintos que buscam e encontram o mover de Deus em toda estação, sem dúvidas, não é o caso da maioria das pessoas.

Contudo, em estações de maré baixa, quando a glória de Deus parece mais distante, Ele envia Sua unção para nos sustentar. Mas algo que precisamos entender é que a unção é inferior à glória. Esta corre através dos homens, mas a outra flui diretamente do próprio Deus. Exemplo disso foi a dedicação do templo de Salomão, em que, quando a nuvem de glória entrou, os sacerdotes não puderam mais ficar em pé para ministrar, porque o próprio Deus estava atuando. (2 Crônicas 5.14).

Portanto, como diz 2 Coríntios 3.8, é de glória em glória que somos transformados. E à medida que nos aproximamos do final desta dispensação e da hora da volta de Jesus, percebemos que algo está mudando. Deus está fazendo uma obra final em Sua Igreja para levá-la à plena maturidade. Nestes últimos dias, Jesus está se revelando ao Seu povo e, enquanto contemplamos Sua beleza, somos transformados. E, em consequência disso, muito em breve, enquanto Deus completa essa obra de aperfeiçoamento, um incenso de adoração e oração será liberado como nunca antes. Por muitos anos, as estações de maré alta de avivamento eram seguidas pelo refluxo das águas retornando ao mar. Mas está chegando o tempo em que esse período de abundância da glória de Deus irá varrer a terra, consumindo-a completamente, e nunca mais vai retroceder. E essa será a estação do maior avivamento e colheita em toda a História da Igreja, culminando na volta do nosso Senhor Jesus!

Então, para finalizar, gostaria de citar uma profecia de 1930. Arthur Burt a escreveu em seu livro *E Não Haverá Maré Baixa*. Certamente são palavras inspiradas pelo Espírito Santo e resumem a chegada do maior e último avivamento:

> Haverá um sopro, e o sopro trará o vento, e o vento trará a chuva, e a chuva trará as enchentes e enchentes e enchentes, e as enchentes trarão as torrentes e torrentes e torrentes. Então eles serão salvos como folhas que caem dos poderosos carvalhos carregadas por um furacão em uma grande floresta. Braços e pernas descerão do céu e não haverá maré baixa! (BURT, 1930)